"十四五"职业教育国家规划教材

职业教育电子商务专业教学用书

网 店 美 工

（第2版）

主　编　杨毅玲　罗晓彬

副主编　郭　佳

参　编　张　帆　刘婷青　吴良裕
　　　　陈伟平　李海莲

主　审　刘浩宇

电子工业出版社.

Publishing House of Electronics Industry

北京·BEIJING

内 容 简 介

本书以网店美工岗位从业人员的典型工作任务为基点，通过项目驱动与实际任务，充分体现"做中学"的教学理念。全书共分为 7 个项目、18 个任务，从基础技术入手介绍美工实用技能，包含网店初创必备技能、图片处理技能、店铺模块装修、网店广告设计、商品信息页美工、移动端网店美工、淘宝精准引流等内容。

本书既可作为相关培训机构和职业院校相关专业教材，也可作为淘宝店主和网店美工爱好者的自学用书。

本书配有微课资源（可扫描书中二维码观看），让学生能够更主动地进行基于项目和实际任务的学习，同时方便教师采用"翻转课堂"教学方式。本书还配有教学资料包，包含全部实例所用到的素材文件及最终效果，请登录华信教育资源网下载。

未经许可，不得以任何方式复制或抄袭本书之部分或全部内容。

版权所有，侵权必究。

图书在版编目（CIP）数据

网店美工 / 杨毅玲，罗晓彬主编. -- 2版. -- 北京：电子工业出版社，2022.4

ISBN 978-7-121-43394-8

Ⅰ. ①网… Ⅱ. ①杨… ②罗… Ⅲ. ①网店－设计 Ⅳ. ①F713.361.2

中国版本图书馆CIP数据核字（2022）第085105号

责任编辑：陈　虹　　　　文字编辑：张志鹏　　　　特约编辑：张思博
印　　刷：中国电影出版社印刷厂
装　　订：中国电影出版社印刷厂
出版发行：电子工业出版社
　　　　　北京市海淀区万寿路 173 信箱　邮编　100036
开　　本：880×1 230　1/16　印张：11.25　字数：288千字
版　　次：2018年1月第1版
　　　　　2022年4月第2版
印　　次：2025年2月第7次印刷
定　　价：45.00元

凡所购买电子工业出版社图书有缺损问题，请向购买书店调换。若书店售缺，请与本社发行部联系，联系及邮购电话：（010）88254888，88258888。

质量投诉请发邮件至zlts@phei.com.cn，盗版侵权举报请发邮件至dbqq@phei.com.cn。

本书咨询联系方式：chitty@phei.com.cn。

前　言

　　本书根据工作岗位过程系统化的课程改革思路编排教学内容，全面阐述了"基于工作过程"的网店美工基础理论知识和岗位技能，并以微课展现。通过项目将知识点融入任务中，结合任务引出知识点，结合实际操作教授技能。这样的设计，融先进的教学理念于其中，符合职业院校学生的心理特点、学习规律，体现出职业特点，重点培养学生分析问题、解决问题和动手操作的能力。党的二十大报告中提出"培养造就大批德才兼备的高素质人才，是国家和民族长远发展大计。"本书正是以此为出发点，力图培养全面的高素质人才。

　　本书以网店美工岗位进行网店装修的实际工作任务为基点，分为7个项目、18个任务，每个项目又分为项目背景、学习目标、学习任务、知识链接、任务实施、任务评价、项目实训等栏目。通过"项目背景"提出任务，引起思考，引出相关知识；通过每个任务中的"知识链接""任务实施"详细讲解相关知识点和技能；"任务评价"检验学生对知识点的掌握情况；"项目实训"则通过任务深化进一步检验学生的技能掌握情况。本书充分体现了以任务引导课堂，以岗位要求设计教学，突出职业院校学生"做中学、学中做"的特点。

　　教师在使用本书时，既可以采用"任务驱动教学法"，也可以采用"案例教学法"，还可以使用微课进行"翻转课堂"教学。每种方法所需资料、案例及内容均包含在书中，教师可以根据自身和学生的实际情况，灵活选用教学方法。如若条件允许，建议采用"任务驱动教学法"和微课"翻转课堂"教学法，以获得更好的效果。

　　本书根据网店美工岗位特点，特别设置了"任务实施""项目实训"栏目，模拟岗位实际工作任务，在具体任务中充分调动学生的学习积极性，带动学生参与到学习中来，发挥学生的主观能动性；引导学生在完成任务的过程中锻炼综合岗位能力。从零开始到整店美工完成，不但有利于学生学习各项技能，而且通过一套完整的任务实施可以提高他们实际的岗位操作能力，能够真正与美工岗位对接，提升其职业能力。

本书由杨毅玲、罗晓彬担任主编，郭佳担任副主编，刘浩宇担任主审。张帆、刘婷青、吴良裕、陈伟平、李海莲等参与了编写。本书相关素材由广州岸好电子科技有限公司、广州尚动计算机科技科技公司参与提供和制作，在此一并表示感谢。

由于编者水平有限，编写时间仓促，书中疏漏与不妥之处在所难免，敬请读者批评指正。

编　者

目 录

V

项目三　店铺模块装修

项目四　网店广告设计

项目五　商品信息页美工

项目六 移动端网店美工

项目七 淘宝精准引流

网店初创必备技能

项目背景

　　小雅想开一间淘宝服装店，敲定供货商并完成了开店注册，在网店装修时她遇到了难题，于是她找到经营网店多年的大伟求助。大伟告诉她，网店和实体店一样，都需要通过店铺装修来展示自己的定位和特色，醒目的店招、个性化的风格、合适的配色、品牌的特点等都要能尽快吸引客户的眼球，引起客户的兴趣。只有这样，才能让顾客产生进一步了解商品的欲望，从而转化为销售业绩。其实，网店美工并不难，就像经营实体店铺一样，从第一步店铺装修开始，一步步进行就可以啦！

学习目标

1. 能够针对所经营的商品特色进行网店风格定位，并完成色彩构成与搭配。
2. 能够合理搭配道具、商品构图，掌握拍摄商品图片的方法和技巧。
3. 能够让学生形成正确的审美观，认识美工的基本功能与作用。

学习任务

任务一　定位装修风格
任务二　拍摄图片素材
教学微视频

✿ 任务一 │ 定位装修风格

店铺风格由经营的商品和定位来决定，体现着网店独特的格调。色彩的搭配要符合整个店铺的主题，需要体现出店铺的品牌文化及形象，用图文来展示说明，便于顾客记忆。

◎ 任务目标

为小雅的淘宝店铺设计符合所经营服装商品的店铺风格，并完成网店的色彩搭配。

☑ 任务准备

淘宝网店账号一个、计算机一台。

📄 知识链接

风格是一种感觉，它可以欢快，可以严肃，也可以平易近人。风格定位很重要，它是做好网店视觉营销的基础。那么，如何把握店铺的整体风格呢？

一、突出主题，展示个性风格

专业的商家都有自己的目标与方向，如突出主题，做好实际的经营与设计，而装修设计要有明确的定位，要有一个核心主题，如运动、休闲、儿童用品的舒适，或者奢侈品的高端精致。有了核心主题再做细节的设计，就会使店面在整体上更加和谐，从而形成一个舒适的购物环境、一个让人看得到个性的气场之地。

二、店铺风格定位的总原则

1. 要有依据

店铺风格定位不能仅凭个人喜好或猜测，还要有依据。

（1）明确目标客户，即网店服务哪类客户群。例如，目标客户是有消费能力、喜欢网购的20～35岁的白领。只有先确定好客户群，才能成功定位网店的风格。

（2）思考目标客户的需求及购买动机。例如，工作繁忙的白领每个月都可能网购护肤品。

（3）确定网店如何服务于目标客户。例如，可以为白领提供物美价廉的护肤品，同时有多种品牌任其挑选。

2. 色彩搭配有主次、有对比

整个店铺不能通篇都是一种颜色，以免给人带来单调、压抑的感觉。

3. 主色不宜过多

主色最好在3种以内，以塑造网店的整体统一感。

4. 少用鲜艳色，尽量采用中间色（冷暖色系如图 1-1 所示）

图 1-1

（1）鲜艳色：刺眼、轻佻，不舒服。鲜艳色喧宾夺主，会抢商品的风头。装修真正的主角是商品，而不是装修，装修只是衬托或点缀。

（2）暖色系：一般来说，暖色系是很容易亲近的色系，如红色、黄色等，比较适合购买人群是年轻阶层的店铺使用。同色系中，粉红、鲜红、鹅黄色等是女性喜好的色彩，对妇女用品店、婴幼儿服饰店及商品华丽的高档店铺较合适。

（3）冷色系：蓝色、绿色、紫色都属于冷色系，这一类颜色会使人联想到海洋、月亮、冰雪、青山、绿水、蓝天等景物，产生宁静、清凉、深远、悲哀等感受，有端庄肃穆的感觉，更适合高档商务男装店铺使用。

（4）中间色系：温和，有中性的感觉，适用于各品类店铺。

5. 模块的整合

版块的搭配要统一、简洁。店面的装修风格设定后，版块相关的搭配也是至关重要的，无序的版块叠加只会给买家凌乱的感觉，还能期待将流量转化成购买量吗？习惯于在网上购物的人一般都会浏览大量的店铺，只有整体风格一致、简洁大方的店面才可能让买家在店里多驻留片刻。

三、鲜明的店铺风格

1. 店铺 LOGO

设计一个符合所经营商品的 LOGO，对店铺风格的形成及品牌发展必不可少，如图 1-2 所示。

2. 背景色

对于普通显示器而言，中间的 950 像素（950px）就是淘宝店铺的标准页面，也是店铺的展示区。而对于宽屏显示器而言，两边会空余一些像素，可以设置纯色或大的图片。

3. 主色调

淘宝系统提供的主色调，可选择 27 种配色，如图 1-3 所示。主色调一般应用于店招、标题栏和重要文字。

4. 辅助色

如主色调用紫色，则按钮、标签、重要文字可用橙黄色和蓝绿色，如图 1-4 所示。这种颜色的搭配会让人感觉清新、明快，较适合女装行业。辅助色一般应用于按钮、标签和重要文字。

图 1-2

图 1-3

图 1-4

5. 商品特性

商品都有性能、尺寸、外观、功能、材质、价格等特性。分析商品的特性可以从多个方面入手，如价格水平、消费群体、文化内涵。其中，性别、年龄、职业、文化水平、收入水平决定了消费群体的个体特征和共性。

6. 时节特性

针对不同的节日、不同的季节，店铺应采用不同的风格，如图 1-5 所示。

图 1-5

7. 回复风格

回复风格一般指网店客服回复顾客的语气、文字、表情的表达方式。形成有特色的表达沟通方式非常必要，容易让人记住，如图 1-6 所示。目前，大部分网店的客服回复方式都大同小异，毫无风格可言。

图 1-6

【案例 1-1】

一个女式牛仔裤卖家，店铺人群定位在学生，商品价格为 59～69 元，买家是喜欢萌萌的、可爱的东西的小姑娘。客服定位是一个可爱的小精灵形象，旺旺的头像是一个小精灵，名字叫萌萌，旺旺第一条自动回复是"宝宝你好，我是×××家的购物小精灵萌萌，宝宝有任何需要都可以让萌萌来帮助你哦，萌萌一定会把自己知道的一切都如实和宝宝说哦！"后面的对话，全都以这种小精灵的口吻来和买家交流。

分 析

网店塑造属于自己的风格，可以让买家在购物过程中眼前一亮，甚至有些掌柜就是靠着个性回复让店铺火起来的。

任务实施

为小雅的女装店铺定位风格。

STEP 01 分析小雅经营的网店的主要商品，如图 1-7 所示。

¥59.00
柚子美衣衬衫女2020新款韩版清新女衣服长袖女上衣中长款女上衣
总销量：151 | 评价：2

¥59.00
衬衫上衣柚子美衣2020春长袖百搭休闲翻领单排扣蝴蝶结淑女衬衫
总销量：1 | 评价：0

¥59.00
时尚网纱裙 柚子美衣2020秋季新款韩版松紧腰中长款半身裙女 潮
总销量：7 | 评价：3

¥59.00
灯芯绒休闲裤 柚子美衣2020秋装女 复古宽松显瘦松紧腰九分裤 潮
总销量：5 | 评价：1

¥65.00
休闲牛仔裤 柚子美衣2020冬装女新款韩版修身百搭小脚裤 潮
总销量：25 | 评价：7

图 1-7

分 析

商品主要为流行女装，风格主要为清新、淑女、流行类型；价格为 59～69 元；主要目标客户群为 18～25 岁女性，适合讲究穿着、追求变化、自信、收入一般的小白领。

STEP 02 根据小雅店铺的商品特点，为她挑选的主色调是黑色和白色，辅助色是灰色和红色，如图 1-8 所示。界面设计以简洁为主，突出商品，符合客户需要。优惠券样式采用强对比色，给人一种高档、明快、干练的感觉，如图 1-9 所示，从而使得整个店铺的商品品质在视觉感受上有质的提升，性价比从用户体验的角度也大大提高。

主色调　辅助色

图 1-8

图 1-9

STEP 03　根据选定的色调设计 LOGO 样式、优惠券样式、商品列表样式、商品详情页样式、定义字体与字号的样式，部分示例如图 1–10～图 1–15 所示。

图 1-10

图 1-11

图 1-12

图 1-13

图 1-14

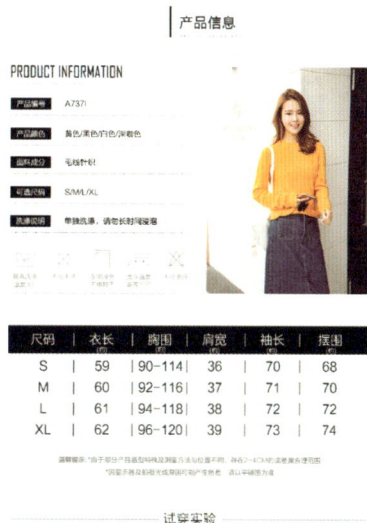

图 1-15

任务评价

每名学生对自己在整个学习过程中的表现进行自评，并请学习小组成员和教师对自己在本任务学习中的表现做出评价，从定性和定量两方面填写评价表，如表 1-1 和表 1-2 所示。

定位依据

表 1-1 "定位装修风格"学习活动学生表现评价量化表

班级：　　　　　　　　姓名：　　　　　　　　学号：

序号	评价项目	描述性评价		量化评价			
		具体评价内容	填写具体事实	满分	自评	互评	师评
1	提出问题	① 店铺风格与商品目标人群定位是否合理 ② 主色调和辅助色选择是否合理 ③ 对比色是否突出商品 ④ 版式结构是否合理		20			
2	设计实施方案	能否自行设计合理的方案实施步骤		20			
3	实施操作	能否小组分工合作完成，操作步骤是否衔接妥当		20			
4	分析并得出结论	能否根据商品、目标客户人群的喜好把握好色调、样式、统一的版式设计，从而可以较快地找到适合自己网店的风格		20			
5	表达和交流	是否具有与他人合作、表达与交流的能力		10			
6	反思，提出新问题	合理化版块排列及整体调色搭配如何执行		10			
	等级		总分	100			
	评语（教师填写）						

表 1-2 "定位装修风格"学习活动学生表现评价权重结果

班级：　　　　　　　　姓名：　　　　　　　　学号：

自评（×20%）	小组互评（×50%）	教师评价（×30%）	总评

🔆 任务二 ｜ 拍摄图片素材

店铺风格确定后就要开始收集图片素材了，有条件的店铺还需要对商品进行场景布置并拍摄细节图。

🎯 任务目标

为小雅的淘宝店铺所经营的服装商品收集图片素材，并完成细节图的设计和拍摄。

✅ 任务准备

淘宝网店账号一个，计算机一台，单反相机一个，柔光灯箱一套。

📝 知识链接

在传统的实体店中，顾客可以接触到商品，并对商品的各种细节进行查看，但是网上购物却无法满足这一点。如何让消费者直观地感受到商品？唯有提供清晰、真实、多方位的商品图片，才有可能激发消费者的购买欲望。那么，如何拍摄出清晰有效的商品图片呢？

一、拍摄工具

拍摄工具中最重要的是照相机，现在最常用的是数码单反相机。画幅是画质的重要因素，画幅越大，容纳的真实像素就越多，画质就越好，如图 1-16 所示。商家可以根据使用需求和购买能力选择适合自己的数码相机。

图 1-16

如果在室外拍摄，使用的光源为自然光，可能会用上反光板，如图 1-17 所示。如果在室内拍摄，节能灯、摄影灯及外置闪光灯等都涉及光的选择，也可以配置一个专业的柔光摄影棚。

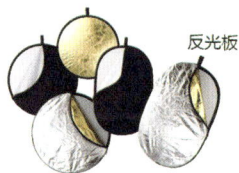

图 1-17

二、布光技巧与场景的选择

1. 布光方式的选择

常见的布光方式如图 1-18 所示。

2. 场景的选择

根据不同的商品选择不同的场景，如图 1-19 所示。例如，商业气氛浓厚的闹市区非常适合拍摄时装，临街的商场、路灯和广告牌都是很好的布景；人流量较少的酒吧街或欧美风格建筑物的一角也是不错的取景选择，可以很好地表现出服装的潮流感、品位和时尚感。

利用摄影棚内的背景纸进行拍摄是比较简单的做法。例如，拍摄男装时可以使用男性较喜欢的黑色、灰色等作为背景色，只要与服装风格协调，拍出的画面就会显得简洁而时尚，酷感十足。

在室内搭建实景进行拍摄比利用摄影棚内的背景纸进行拍摄更具有立体感、现场感和真实感，对比也更加强烈。可以充分利用室内的每个角落、每件家具来布景，也可以放置一些自制的木板箱、小柜子、几何体和小装饰物等作为拍摄道具。要充分考虑这类布景与拍摄主体的协调性，还要注意不能使其喧宾夺主。

常见的布光方式

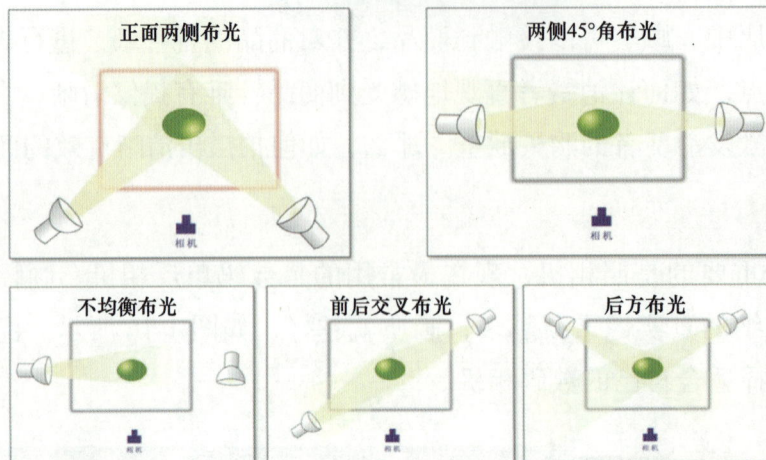

正面两侧布光　　　　　两侧45°角布光

不均衡布光　　　前后交叉布光　　　后方布光

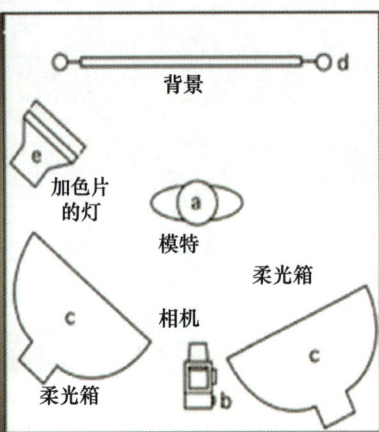

图例1

图例2

背景

加色片的灯

模特

柔光箱

相机

柔光箱

加标准罩的灯

模特

相机

柔光箱

图例3

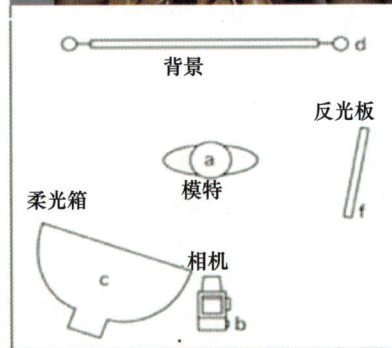

背景

反光板

模特

柔光箱

相机

图 1-18

图 1-19

3．道具的选择

当采用在室内搭建实景进行模特实拍或衣服摆拍、挂拍的时候，可以在商品摆放和构图时适当添加一些与服装搭配的小首饰、围巾、鞋帽和包包。鲜花、杂志、相框、玩具也都可以拿来使用，以使商品照片显得更加生活化。

如果想在墙上或者地上添加小装饰物来增加构图上的美感，漂亮的衣架、鲜花、玩具，还有书籍、小家具等也是不错的选择，如图1-20所示。也可以直接将服装挂在白色或者原木色的小架子上，利用架子的摆放角度来打破原来贴墙悬挂时呆板的横平竖直的构图。穿拍的时候，使用小装饰物做配景的方式可以让图片更加灵活，使模特的表情和姿态可以有更大的发挥空间，如图1-21所示。

图 1-20

图 1-21

三、拍摄构图

1．中心构图法

中心构图法，即将商品放在图片正中间，拍清晰即可，若能用大光圈单反镜头将背景虚化，效果会更好，如图1-22所示。

2．三分（九宫格）构图法

三分（九宫格）构图法，即将画面划分为九等份，也就是形成一个"井"字。因为人看东西时习惯向右偏移，所以卖家可以将商品放在图片右侧展示，从而提升买家的视觉体验，如图1-23所示。

图 1-22

图 1-23

3．均衡式构图法

均衡式构图法需要足够的拍摄经验才能自如运用，一旦成片，效果将非常赞，有助于提升商品图片品质，有兴趣的同学可上网自学相关知识，如图 1-24 所示。

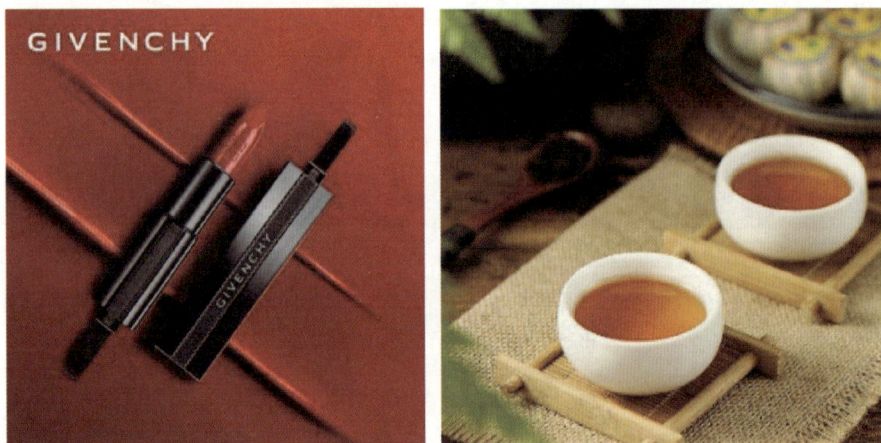

图 1-24

四、商品拍摄技巧

1．对象静止

商品拍摄的最大特点是所拍摄的对象大多是静止的物体。现在也会用视频的方式去展示商品。

2．摆布拍摄

商品拍摄可以根据商家的意图、商品的特点进行摆布、构图、布光，有序地完成商品组图。

3．还原真实

商品拍摄主要是展示商品的形、质、色，不必过于追求意境，否则会丢失物品的本来面貌，如图 1-25 所示。

图 1-25

（1）形，指的是商品的形态、造型特征及画面的构图形式。看下如图 1-26 所示的造型对比图例，谈谈你的感受。

图 1-26

（2）质，指的是商品的质地、质量、质感。商品拍摄对质的要求非常高，所体现的质的影纹层次必须清晰、细腻、逼真。尤其是细微处，以及高光和阴影部分，对质的表现要求更高。用恰到好处的布光角度，恰如其分的光比反差，可以更好地完成对质的表现，如图 1-27 所示。

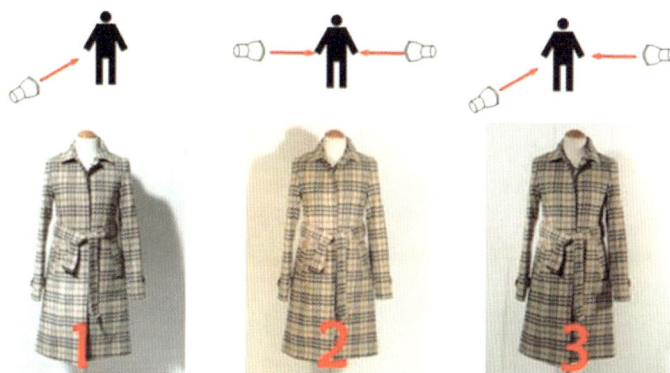

图 1-27

（3）色，商品拍摄要注意色彩的真实和统一。色差是一直让电商卖家头疼的问题，很多顾客收到货后，发现图片和实物色差极大，要求换货，导致电商卖家售后成本提高，如图 1-28 所示。

图 1-28

五、图片的收集方法

（1）在网上查找相同品类的商品店铺装修，挑选出 3～5 个符合自己风格的店铺，截选相关素材，如菜单栏、详情页面、广告设计、物流配送信息等参考图。

（2）在网上查找相似商品摆拍、挂拍、模特实拍的参考图，用于指导拍摄。

（3）建立文件夹，分类收藏参考图片，注意统一照片的格式为 JPG 或 GIF。

任务实施

STEP 01 在网络上收集图片素材并准备拍摄器材、布局道具及模特，同时填写好表 1-3。
所需道具：

_____

分析：根据目标客户群，应选择年轻时尚的模特，请在班上挑选适合的模特。

表 1-3 记录表 1

序号	岗 位	任 务 描 述
1	模特	
2	助理	
3	摄影师	

STEP 02 根据店铺主色调进行拍摄设计同时填写好表 1-4。

表 1-4 记录表 2

序号	图片类型	造型设计（数量及简单描述）
1	平铺（细节图）	
2	挂拍	
3	模特实拍	

STEP 03　根据设计方案进行拍摄，并在表 1-5 中记录完成情况及问题。

表 1-5　记录表 3

序号	内　容	完成情况及问题
1	场景选择	
2	布光方式	
3	模特实拍	

STEP 04　导出图片并进行分类整理。

任务评价

每名学生对自己在整个学习过程中的表现进行自评，并请学习小组成员和教师对自己在本任务学习中的表现做出评价，从定性和定量两方面填写评价表，如表 1-6 和表 1-7 所示。

表 1-6　"拍摄图片素材"学习活动学生表现评价量化表

班级：　　　　　　　　　姓名：　　　　　　　　　学号：

序号	评价项目	描述性评价		量化评价			
		具体评价内容	填写具体事实	满分	自评	互评	师评
1	提出问题	① 店铺风格与商品目标人群定位是否合理 ② 主色调和辅助色选择是否合理 ③ 对比色是否突出商品 ④ 版式结构是否合理		40			
2	分析并得出结论	是否根据商品、目标客户人群的喜好把握好色调、样式、统一的版式设计，从而可以较快地找到一个适合自己网店的风格		30			
3	表达和交流	是否具有与他人合作、表达与交流的能力		15			
4	反思，提出新问题	合理化版块排布及整体调色搭配如何执行		15			
	等级		总分	100			
	评语（教师填写）						

表 1-7　"拍摄图片素材"学习活动学生表现评价权重结果

班级：　　　　　　　　　姓名：　　　　　　　　　学号：

自评（×20%）	小组互评（×50%）	教师评价（×30%）	总评

项目实训

实训 01　请按图 1-29 提供的网店首页及商品详情页设计一个合适的店铺风格。

图 1-29

实训 02 男装细节图打标实训。

根据表 1-5～表 1-7 的提示挑选一件男装 T 恤，完成细节图打标（5 张 800 像素 × 800 像素的主图、正反面图各 1 张及 3 张细节图），细节图打标是指对该件商品的款式设计细节、做工细节、材质纹理细节、辅料细节等进行图片展示。

表 1-5　外套设计细节

外套设计细节	
款式细节	领型、袖口、肩扣、褶皱、里布、内口袋、外口袋、拼接、袋盖、绣标、下摆、LOGO 绣标等
做工细节	走线、里料、接缝、内衬、拷边等
面料细节	微距拍摄面料、材质、面料纹路、颜色等
辅料细节	腰带五金、拉链、纽扣、铆钉、水洗标、商标等
图例	

表 1-6　裤子设计细节

裤子设计细节	
款式细节	褶皱、前口袋、后口袋、拼接、袋盖、绣标、裤型、LOGO 绣标等
做工细节	走线、里料、接缝、内衬、拷边等
面料细节	微距拍摄面料、材质、面料纹路、颜色等
辅料细节	拉链、纽扣、铆钉、洗水唛、标签、商标等
图例	

表 1-7　T 恤设计细节

T 恤设计细节	
款式细节	领型、袖口、绣花、图案、下摆、LOGO 绣标等
做工细节	走线、里料、接缝、内衬、拷边等
面料细节	微距拍摄面料、材质、面料纹路、颜色等
辅料细节	洗水唛、标签、商标等

教学微视频

项目二

图片处理技能

项目背景

　　小雅拍摄完商品后总觉得图片不够完美，于是她向大伟求助："大伟啊，我怎么感觉商品的图片颜色不够靓丽呀！看，这张都拍虚了，那张还有瑕疵呢，岂不是做了无用功？"大伟说："别着急！拍摄的过程中总会有一些小问题。来，让我传授你几招修图技巧，保证让你的商品更加诱人！"

学习目标

1. 能够对商品图片进行二次构图、调整图片清晰度并对商品进行调色处理。
2. 能够合理利用相应的工具和方法对商品图片进行抠图。
3. 能够合理利用相应的工具和方法美化商品图片。
4. 学习美工岗位知识和技能，提升图像处理的技能水平和审美及实践能力。

学习任务

任务三　快速修图技法
任务四　实用抠图技能
任务五　细节美图工具
任务六　商用图片合成
任务七　网店网页制作
教学微视频

✿ 任务三 | 快速修图技法

图片是传递商品信息的一种最直接的方式，在拍摄过程中，由于各种原因，图片往往不够完美，在无法重拍的情况下，可以通过 Photoshop 快速调整图片。

◎ 任务目标

对小雅淘宝店铺中的商品图片进行二次构图，调整清晰度与色彩，使图片更加清晰美观。

☑ 任务准备

商品图片、安装 Photoshop CS6 的计算机一台。

📋 知识链接

拍摄商品时，因为各种原因，图片不够完美是很正常的。例如，出现构图不合理、色彩有问题或图片颜色不够靓丽等问题。而对于这些问题，要如何修改图片，才能吸引到买家呢？下面介绍几种最基本的修图技法。

一、调整变形的图片

1. 图像旋转与自由变换——调整倾斜的图片

在拍摄的过程中，由于相机把握得不稳，拍摄出来的图片可能会出现倾斜的情况，如果直接把这种商品图片放在店铺上效果肯定不好。下面介绍两种矫正图片的方法。

（1）图像旋转。

用 Photoshop 打开图片后，执行"图像"|"图像旋转"命令，选择需要的旋转角度或"任意角度"进行设置，从而得到矫正后的图片，如图 2-1～图 2-3 所示。

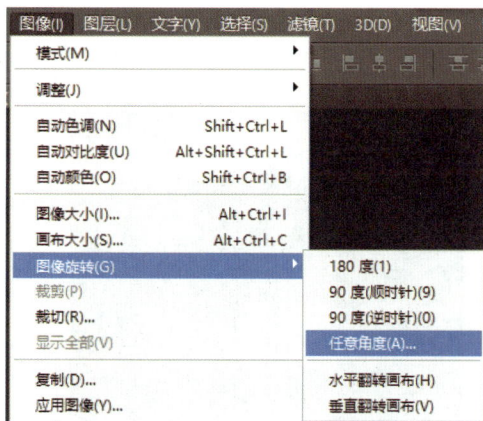

图 2-1　　　　　　　　　　图 2-2　　　　　　　　　　图 2-3

（2）自由变换。

如果初学者无法把握图像的旋转角度，可以使用自由变换的方式矫正图像。用 Photoshop 打开需要矫正的图像，解锁图层，执行"编辑"|"自由变换"命令（或按 Ctrl+T 组合键），通过控制手柄旋转图片，按 Enter 键后即得到矫正后的图片，如图 2-4～图 2-7 所示。

图 2-6

图 2-4

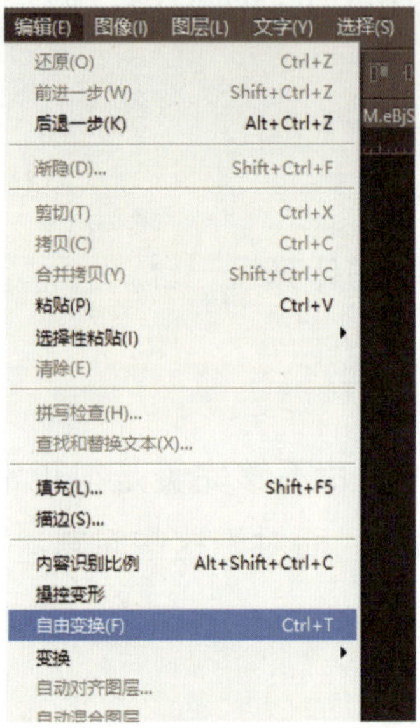

图 2-5

图 2-7

2．裁剪工具 ——聚焦图片中的商品

在商品的拍摄中，构图是很重要的，目的是让买家将视线聚焦在商品上。使用裁剪工具，可以在图像或图层中裁剪所选定的区域，将画面多余的部分删除，只保留主体部分，从而获得中心构图效果，让画面更具凝聚力，如图 2-8～图 2-10 所示。

图 2-8

图 2-9

图 2-10

二、图片清晰度的调整——处理模糊的图片

如果商品图片模糊，则不宜上传到网店，Photoshop 对模糊图片的处理方法有很多，下面介绍两种简单的处理方法。

1．锐化工具

如果图片中的商品模糊不清，使用锐化工具可以使商品清晰化。首先，选择工具箱中的锐化工具，在属性栏中设置好相应的参数；其次，在需要锐化的位置进行涂抹，即可得到锐化效果，如图 2-11～图 2-13 所示。

 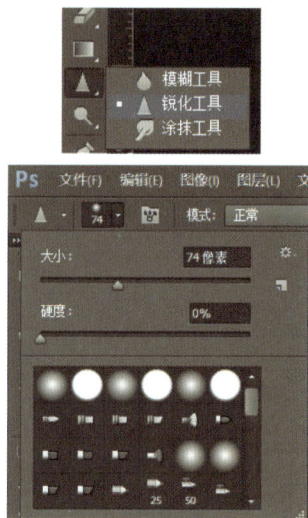 

图 2-11　　　　　　　图 2-12　　　　　　　图 2-13

2．USM 锐化

锐化工具可以实现图片的局部锐化，而 USM 锐化则可以实现整张图片的锐化。商品图片拍虚了，要使图片清晰，首先，用 Photoshop 打开素材，复制"背景"图层；其次，执行"滤镜"|"锐化"|"USM 锐化"命令，并设置参数；最后，调整复制图层的不透明度，直到得到清晰的图片为止，如图 2-14～图 2-19 所示。

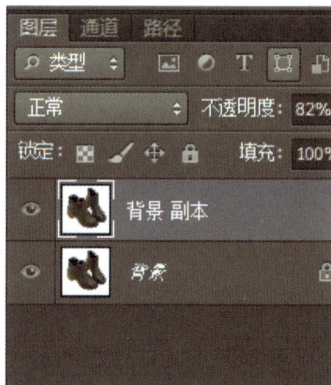 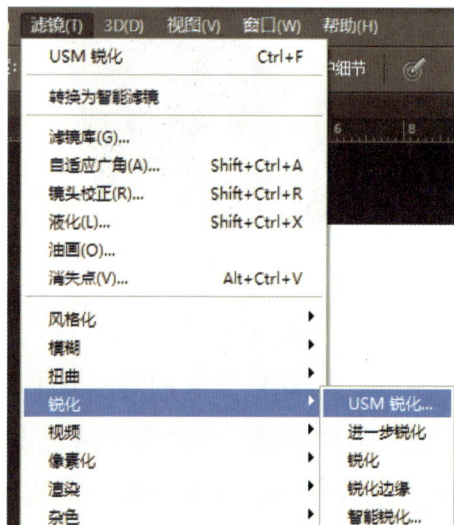

图 2-14　　　　　　　图 2-15　　　　　　　图 2-16

图 2-17

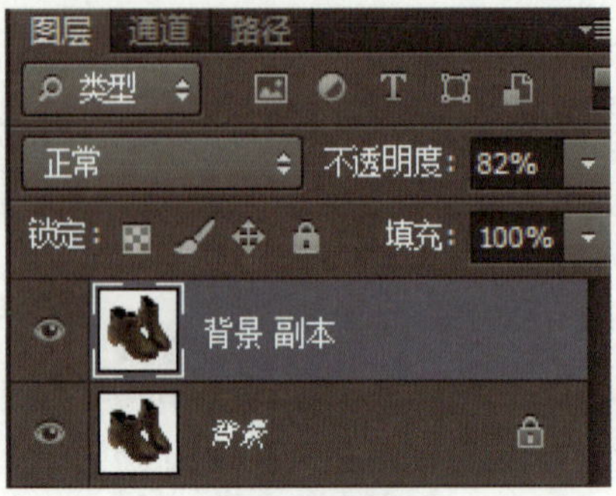

图 2-18

图 2-19

三、有白平衡和色差问题图片的处理

1. 色彩平衡——使图片色彩自然

在数码相机中有一个白平衡设置，如果设置不当，拍出来的图片就会出现色彩不正的现象，而色调和色温是影响图片白平衡的重要因素。那么，到底什么是白平衡呢？简单地说，白平衡就是让图片中的白色依然为白色。

下面介绍一种调整白平衡的方法——色彩平衡，这种方法也可以同时解决图片色差问题。例如，图片中衬衫的颜色偏黄，执行"图像"|"调整"|"色彩平衡"命令，可以让图片的色彩更加自然，如图 2-20 所示。

图 2-20

如果调整效果不能令人满意，可以继续调整其"曝光""对比度"等参数来进一步修正图片色调，以达到最好的展示效果。

2. 照片滤镜——调整图片色调

不同的色调会给人带来不同的感受，营造出不同的环境氛围。例如，要想将商品图片营造出温暖的氛围，可以先用 Photoshop 打开素材，执行"图像"|"调整"|"照片滤镜"命令，通过设置相关的参数，以达到最终的效果，如图 2-21～图 2-23 所示。

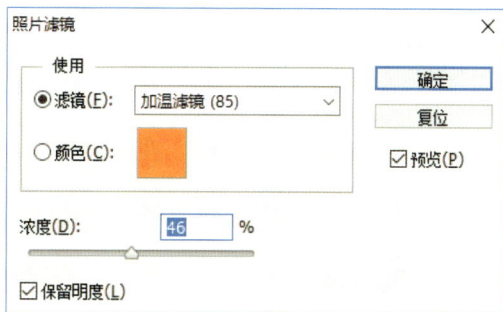

图 2-21　　　　　　　　　　　图 2-22　　　　　　　　　　　图 2-23

四、曝光度——调整曝光不足的图片

受光线影响，拍摄的商品图片色调会偏暗，原因是曝光不足。处理这种问题，可以通过调整"曝光度"来解决。商品图片颜色偏暗，通过 Photoshop 执行"图像"|"调整"|"曝光度"命令，设置相关参数后，可以使图片变得明亮，如图 2-24～图 2-26 所示。

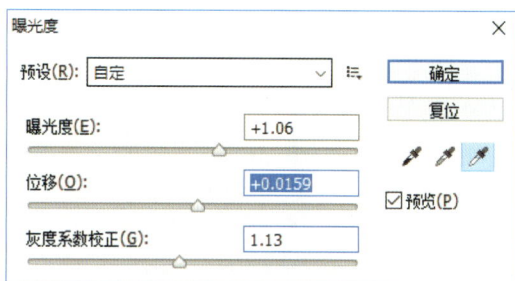

图 2-24　　　　　　　　　　　图 2-25　　　　　　　　　　　图 2-26

📋 知识链接

"曝光度"对话框选项

· 曝光度：用于设置图像的曝光程度，设置正值或向右拖动滑块，可以使图像变亮；设置负值或向左拖动滑块，可以使图像变暗。

· 位移：用于设置阴影或中间调的亮度，取值范围是 –0.5～0.5。设置正值或向右拖动滑块，可以使阴影或中间调变亮，但对高光的影响很轻微。

· 灰度系数校正：可以通过拖动该滑块或在其后面的文本框中输入数值来校正图片的灰度系数。

五、曲线——调整曝光过度的图片

当然，对于曝光过度的图片来说，通过调整"曝光度"也可以得到解决。下面介绍如何通过"曲线"调整来解决图片曝光过度的问题。例如，商品图片因为曝光过度而影响了商品细节的效果展示，通过 Photoshop 执行"图像"|"调整"|"曲线"命令，通过在曲线上创建控制点来改变曲线的形状，从而改变图像的色调，如图 2-27～图 2-29 所示。

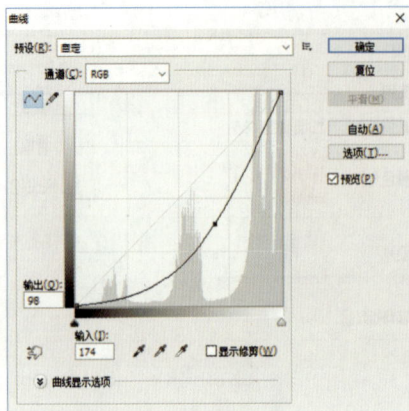

图 2-27   图 2-28   图 2-29

任务实施

为小雅拍摄的商品图片进行修图。

STEP 01 图 2-30 所示是小雅拍摄的商品图片，你认为哪些图片拍摄效果出现了问题，请指出并分析。

（1）   （2）   （3）

（4）   （5）   （6）

图 2-30

分析：_____

_____

_____

STEP 02 针对图 2-30 中出现的问题，提出解决方法，并利用 Photoshop 来解决。

解决方法：＿＿＿＿＿＿＿＿＿＿＿＿＿＿＿＿＿＿＿＿＿＿＿＿＿＿＿＿＿＿＿

＿＿＿＿＿＿＿＿＿＿＿＿＿＿＿＿＿＿＿＿＿＿＿＿＿＿＿＿＿＿＿＿＿＿＿＿＿

＿＿＿＿＿＿＿＿＿＿＿＿＿＿＿＿＿＿＿＿＿＿＿＿＿＿＿＿＿＿＿＿＿＿＿＿＿

＿＿＿＿＿＿＿＿＿＿＿＿＿＿＿＿＿＿＿＿＿＿＿＿＿＿＿＿＿＿＿＿＿＿＿＿＿

☂ 任务评价

　　每名学生对自己在整个学习过程中的表现进行自评，并请学习小组成员和教师对自己在本任务学习中的表现做出评价，从定性和定量两方面填写评价表，如表 2-1 和表 2-2 所示。

表 2-1　"快速修图技法"学习活动学生表现评价量化表

班级：　　　　　　　　　姓名：　　　　　　　　　学号：

序号	评价项目	描述性评价		量化评价			
		具体评价内容	填写具体事实	满分	自评	互评	师评
1	提出问题	① 能否对商品图片进行二次构图 ② 能否解决商品图片清晰度问题 ③ 能否对商品图片进行调色		20			
2	设计实施方案	能否自行设计合理的方案实施步骤		20			
3	实施操作	能否小组分工合作完成，操作步骤是否衔接妥当		20			
4	分析并得出结论	能否找出商品图片出现的问题，从而利用 Photoshop 解决相关问题		20			
5	表达和交流	是否具有与他人合作、表达与交流的能力		10			
6	反思，提出新问题	如何为不同的商品营造环境氛围		10			
等级			总分	100			
评语（教师填写）							

表 2-2　"快速修图技法"学习活动学生表现评价权重结果

班级：　　　　　　　　　姓名：　　　　　　　　　学号：

自评（×20%）	小组互评（×50%）	教师评价（×30%）	总评

❀ 任务四 ┃ 实用抠图技能

　　作为一个网店卖家，除要学会基本的修图方法之外，还需要掌握抠图的技巧。无论是因为拍摄的时候背景没处理好，还是需要为商品更换场景，都需要用 Photoshop 进行抠图处理，从而获取商品图像。

🎯 任务目标

对小雅淘宝店铺中的商品图片进行抠图。

✅ 任务准备

商品图片、安装了 Photoshop CS6 的计算机一台。

📋 知识链接

为了吸引买家，卖家往往需要加工合成商品图片，这时就需要通过抠图来获取商品图像。下面给大家介绍 5 种常用的抠图方法。

一、魔棒工具抠图

魔棒工具是一种根据图片颜色来建立选取的工具，它以图片中相近的颜色来建立选区，比较适用于商品颜色和背景颜色区分明确的商品图像。

如图 2-31 所示，商品与背景颜色分明，所以可以通过魔棒工具抠取商品对象。

（1）用 Photoshop 打开商品图片，选择魔棒工具，在工具属性栏中设置容差值，再点击选择商品对象建立选区（容差值：用来控制创建选区范围的大小，数值越大，所要求的颜色相差越大；否则，所要求的颜色越相近），如图 2-32 所示。

图 2-31

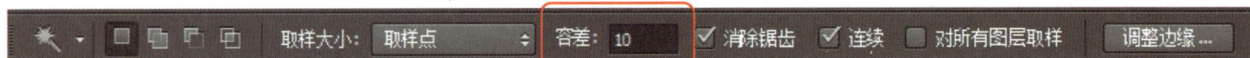

图 2-32

（2）双击背景图层，使其解除锁定的图层，按 Delete 键删除选区中的背景，如图 2-33 所示。

（3）按 Ctrl+Shift+I 组合键即可反向选择图片中的商品，最后抠取商品图像，如图 2-34 所示。

图 2-33

图 2-34

二、套索工具抠图

若要抠取不规则的商品图像，可以使用 Photoshop 提供的套索类工具，包括套索工具、多边形套索工具和磁性套索工具。

1. 套索工具

如图 2-35～图 2-37 所示，商品图像颜色丰富，可以使用套索工具抠取商品图像中的卡通人物。

图 2-35　　　　　　　　　　图 2-36　　　　　　　　　　图 2-37

（1）用 Photoshop 打开商品图像。

（2）选择套索工具，设置羽化像素为 10，点击并拖曳鼠标左键沿着对象边缘移动，建立不规则选区。

（3）按 Ctrl+J 组合键复制一个新图层，隐藏背景图层，即可看到抠取的图像。

2. 多边形套索工具

如图 2-38～图 2-40 所示，如果商品图像边缘轮廓呈直线状态，则可以使用多边形套索工具。

图 2-38　　　　　　　　　　图 2-39　　　　　　　　　　图 2-40

（1）用 Photoshop 打开商品图像。

（2）选择多边形套索工具，设置羽化像素为 0，在对象边缘点击建立起点，并依次在转角的位置上打点创建选区。

（3）按 Ctrl+J 组合键复制一个新图层，隐藏背景图层，即可看到抠取的图像。

3. 磁性套索工具

如图 2-41 所示，如果商品图像背景比较复杂，而选取的商品图像和背景区分度又比较高，这时候就可以用磁性套索工具来抠取商品图像，因为磁性套索工具能够自动吸附于商品图像边缘，从而提高抠图效率。

（1）用 Photoshop 打开商品图像。

（2）选择磁性套索工具，设置羽化像素为0，在商品图像边缘点击建立起点，通过拖曳鼠标沿着商品图像边缘移动会自动添加节点，一直到起始点处，点击即可创建选区。若移动时线段没有贴近对象边缘，也可手动点击添加节点；若出现如图 2-42 所示的错误节点，则可以按 Delete 键删除。

图 2-41

图 2-42

（3）按 Ctrl+J 组合键复制一个新图层，隐藏背景图层，即可看到抠取的图像，如图 2-43 和图 2-44 所示。

图 2-43

图 2-44

使用磁性套索工具时，为精确获得商品图像，需要准确地限制抠图范围，磁性套索工具属性栏与其他套索工具属性栏不同，通过准确地设置工具属性栏，可以提高抠图的质量或制作出许多特殊的效果，如图 2-45 所示。

① 宽度：以光标为基准，检测周围像素的数量。
② 对比度：用来设置工作感应图像边缘的灵敏度，若图像边缘模糊，可以设置得低一点。
③ 频率：用来设置创建选区时生成锚点的数量。
④ 使用绘图板压力以更改钢笔宽度：Photoshop 根据压感笔的压力自动调整工具的检测范围。

图 2-45

三、图层混合模式法抠图

卖家经常美化商品图像，即在商品图像上做美化效果。下面介绍 3 种常见的图层混合模式法抠图。

1."正片叠底"模式抠图

如果商品图像比较复杂难以抠取，并且背景呈白色，可以使用"正片叠底"模式将白色背景叠加抠取。

（1）用 Photoshop 打开素材图像，如图 2-46 和图 2-47 所示。

（2）拖曳图 2-47 中的图像素材到图 2-46 中，并调整图 2-47 中的图像素材到合适大小，如图 2-48 所示。

图 2-46　　　　　　　　　　图 2-47　　　　　　　　　　图 2-48

（3）在图层面板中设置图层的混合模式为"正片叠底"，即可抠取图像，如图 2-49 和图 2-50 所示。

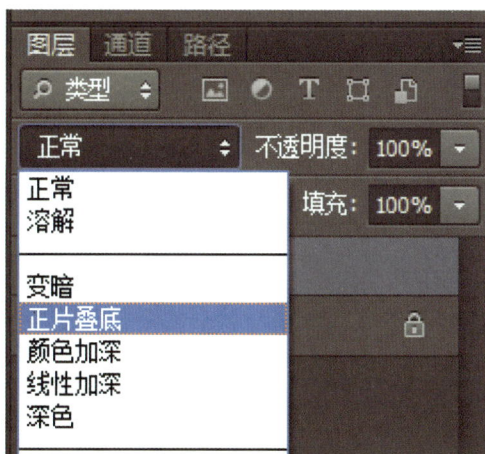

图 2-49　　　　　　　　　　　　图 2-50

2."滤色"模式抠图

如果商品图像比较复杂难以抠取，并且背景呈黑色时，可以使用"滤色"模式抠取图像。

（1）用 Photoshop 打开素材图像，如图 2-51 和图 2-52 所示。

（2）拖曳图 2-52 中的图像素材到图 2-51 中，并调整图 2-52 中的图像素材到合适大小和位置，如图 2-53 所示。

（3）在图层面板中设置图层的混合模式为"滤色"，即可抠取图像，如图 2-54 和图 2-55 所示。

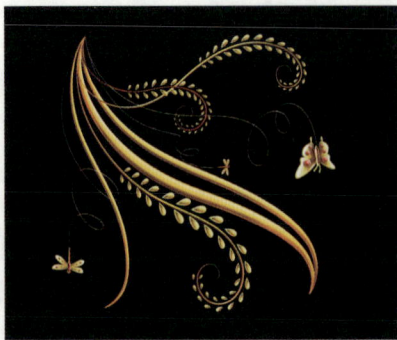

图 2-51

图 2-52

图 2-53

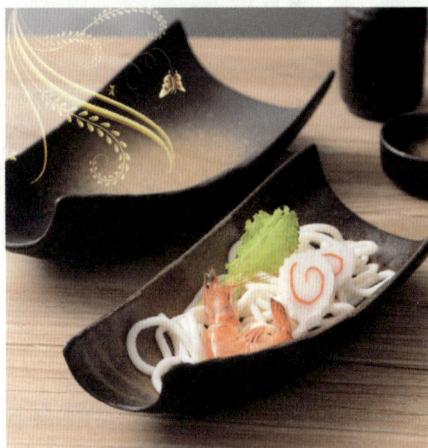

图 2-54

图 2-55

3．"颜色加深"模式抠图

如果需要在商品上添加图案，素材图像和商品颜色相差很大且无黑色时，可以使用"颜色加深"模式抠图法。

（1）用 Photoshop 打开两张素材图像，如图 2-56 和图 2-57 所示。

（2）拖曳图 2-57 中的图像素材到图 2-56 中，并调整图 2-57 中的图像素材到合适大小和位置，如图 2-58 所示。

图 2-56

图 2-57

图 2-58

（3）在图层面板中设置图层的混合模式为"颜色加深"，即可抠取图像，如图 2-59 和图 2-60 所示。

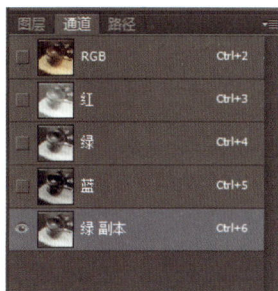

图 2-59

图 2-60

四、通道法抠图

如果商品图像的颜色和背景的颜色过于相近，可以使用通道法抠图。

（1）用 Photoshop 打开如图 2-61 所示的素材图像。

（2）打开通道面板，逐一观察每个通道的显示效果，选择对比度较大的通道，此处选择"绿"通道并复制该通道，如图 2-62 所示。

（3）在菜单栏上执行"图像"|"调整"|"亮度/对比度"命令，设置其参数，提高图像的对比度，如图 2-63 和图 2-64 所示。

图 2-61

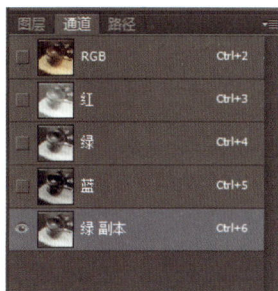

图 2-62

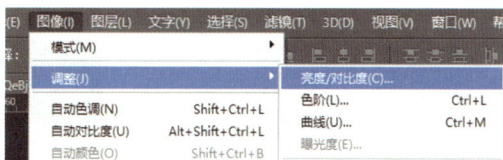

图 2-63

图 2-64

（4）选择"快速选择工具"命令，设置笔触属性，如图 2-65 所示，在图像上连续点击创建选区，如图 2-66 所示。

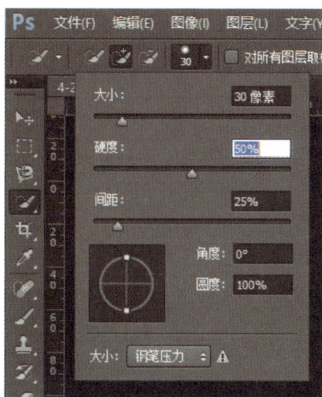

图 2-65

图 2-66

（5）在通道面板中，点击显示"RGB"通道，隐藏复制的"绿"通道，如图 2-67 所示。

（6）回到图层面板，双击背景图层解除锁定，按 Ctrl+J 组合键复制新图层，如图 2-68 所示，隐藏背景图层后可以看到抠取的图像，如图 2-69 所示。

图 2-67

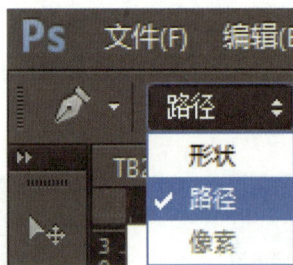
图 2-68

图 2-69

五、钢笔工具抠图

钢笔工具是一个用于绘制矢量图形的工具，使用这个工具可以创建直线或者曲线路径，从而绘制出复杂的图形。使用钢笔工具时，可以沿着抠取对象的边缘绘制包围它的路径，然后再将路径转换为选区，从而抠取图像。

（1）用 Photoshop 打开素材图像，如图 2-70 所示。

（2）按 Ctrl+"+"组合键放大图像，选择"钢笔工具"，并选择其属性栏中的"路径"模式，如图 2-71 所示。

（3）绘制直线路径：在花瓶底端点击，定义第一个锚点，沿着花瓶左侧边缘往上再点击，定义第二个锚点，一条直线路径就这样绘制出来了，如图 2-72 所示。

图 2-70

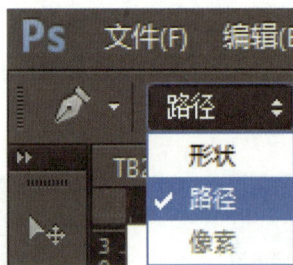
图 2-71

图 2-72

（4）绘制曲线路径：点击并拖曳鼠标，绘制一条曲线，如图 2-73 所示。绘制曲线时，拖动出来的控制手柄方向和位置会直接影响曲线的效果。

（5）改变曲线方向：按住 Alt 键的同时点击曲线点，可以撤掉曲线点的一个控制手柄，再创建下一个曲线点时，就不会受到其控制手柄方向的影响，如图 2-74 所示。

（6）利用同样的方法，继续沿着花瓶的边缘绘制直线和曲线路径，直至起始点，点击闭合路径，如图 2-75 所示。

图 2-73　　　　　　　　　图 2-74　　　　　　　　　图 2-75

（7）打开"路径"面板，点击面板底部的"将路径作为选区载入"按钮，将路径转换为选区，如图 2-76～图 2-78 所示。

（8）回到图层面板，按 Ctrl+J 组合键复制新图层，隐藏背景图层后可以看到抠取的图像，如图 2-79 和图 2-80 所示。

图 2-76

图 2-77

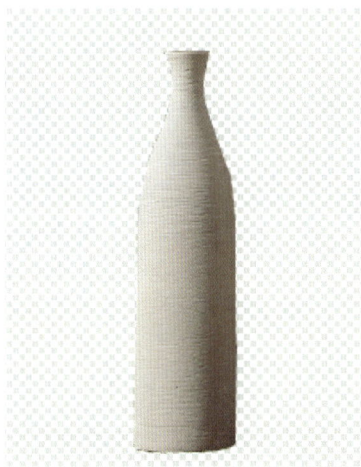

图 2-78　　　　　　　　　图 2-79　　　　　　　　　图 2-80

任务实施

为小雅拍摄的商品图片（见图 2-81）进行抠图操作。

STEP 01　　请根据下列要求，分析并找出解决方法。

（1）抠取图 2-81（1）～（2）的上衣图片。

（2）去除图 2-81（4）～（5）的背景。

（3）抠取图 2-81（7）的干花图片。

（4）将图 2-81（7）叠加至图 2-81（3）和图 2-81（6）中。

STEP 02 使用 Photoshop 抠取图像。

(1)　　　　　　　　(2)　　　　　　　　(3)

(4)　　　　　　(5)　　　　　　(6)　　　　　　(7)

图 2-81

☂ 任务评价

每名学生对自己在整个学习过程中的表现进行自评，并请学习小组成员和教师对自己在本任务学习中的表现做出评价，从定性和定量两方面填写评价表，如表 2-3 和表 2-4 所示。

表 2-3　"实用抠图技能"学习活动学生表现评价量化表

班级：　　　　　　　　姓名：　　　　　　　　学号：

序号	评价项目	描述性评价		量化评价			
		具体评价内容	填写具体事实	满分	自评	互评	师评
1	提出问题	① 能否利用魔棒工具抠取图像 ② 能否利用套索工具抠取图像 ③ 能否利用图层混合模式抠取图像 ④ 能否利用通道法抠取图像 ⑤ 能否利用钢笔工具抠取图像		20			
2	设计实施方案	能否自行设计合理的方案及实施步骤		20			
3	实施操作	能否完成小组分工合作，操作步骤是否衔接妥当		20			
4	分析并得出结论	能否找出商品图片出现的问题，从而利用 Photoshop 解决相关问题		20			
5	表达和交流	是否具有与他人合作、表达与交流的能力		10			
6	反思，提出新问题	如何利用抠图方法搭配服装		10			
	等级		总分	100			
评语（教师填写）							

表 2-4　"实用抠图技能"学习活动学生表现评价权重结果

班级：　　　　　　　　姓名：　　　　　　　　学号：

自评（×20%）	小组互评（×50%）	教师评价（×30%）	总评

✿ 任务五 ｜ 细节美图工具

能否吸引买家，商品图片的效果至关重要。在处理商品图片时，去除瑕疵可以使图片更加完美； 给商品添加特殊效果，可以更好地突出商品，弥补原有图片的不足。

◎ 任务目标

对小雅淘宝店铺中的商品图片进行美图操作。

☑ 任务准备

商品图片、安装了 Photoshop CS6 的计算机一台。

▤ 知识链接

为了让商品充满美感往往需要修整商品照片，常用的是添加滤镜特效。下面介绍美化图片过程中的一些常用方法。

一、仿制图章工具

仿制图章工具可以对图片进行修饰，如果图片中存在局部瑕疵，那么可以利用仿制图章工具快速地进行修复，使图片变得完美。

如图 2-82 所示，商品图片中的墙面上有斑点瑕疵，这时可以通过仿制图章工具将瑕疵去除。

（1）用 Photoshop 打开图 2-82，并在工具箱中选择仿制图章工具，如图 2-83 所示。

（2）将鼠标移到图像中干净的位置，按住 Alt 键并点击进行取样，如图 2-84 所示。

（3）释放 Alt 键，将鼠标指针移到需要去除瑕疵的地方，并点击拖曳鼠标进行涂抹，这样就可以对样本对象进行复制以覆盖瑕疵。在这个过程中，可以对图像进行重复取样去除瑕疵，直到达到完美的效果，如图 2-85 所示。

图 2-82

① 不透明度：用于设置应用仿制图章工具的不透明度。
② 流量：用于设置扩散速度。
③ 对齐：使用该功能，可对图像进行规则复制。
④ 样本：可定义源图像时所取的图层范围，其中包括"当前图层""当前和下方图层"及"所有图层"。

图 2-83

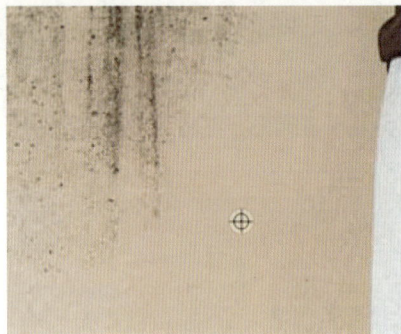 

图 2-84   图 2-85

二、修补工具

图 2-86

在给模特拍照的过程中，由于打灯或其他原因，拍出来的模特有可能出现肤色不均匀的情况，这时候就需要进行肤色修补。

修补工具可以用其他区域或图案中的像素来修复选区内的图像。

（1）用 Photoshop 打开如图 2-86 所示素材，并在工具箱中选择修补工具，如图 2-87 所示。

① 运算按钮：针对应用创建选区的工具进行操作。
② 修补：用来设置修补方式。选择"源"按钮，当将选区拖曳至要修补的区域后，释放鼠标左键就会用当前选区中的图像修补原来选中的内容；选择"目标"按钮，则会将选中的图像复制到区域目标。
③ 透明：用于设置所修复图像的透明度。
④ 使用图案：可以应用图案对所选区域进行修复。

图 2-87

（2）将鼠标指针移到图片中需要修补的位置，点击并拖曳出一个选区，如图 2-88 所示。

（3）将鼠标指针移至选区内，点击并拖曳选区到颜色相近的区域目标，释放鼠标后，即可完成修补，如图 2-89 所示。

（4）整个修复过程中可以进行重复操作，直到达到最好的效果。最后按 Ctrl+D 组合键取消选区，如图 2-90 所示。

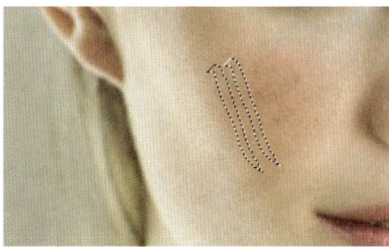
图 2-88

图 2-89

图 2-90

三、滤镜应用

为引起买家的青睐，许多卖家会给商品图片添加特效，这样不仅能更好地凸显商品，还可以快速地传递商品信息。通过应用滤镜，可以增强图片的整体效果，让商品从众多图片中脱颖而出。

1. 高斯模糊——制作"小景深"

"小景深"指的是拍摄对象纵深的清晰空间较小，很多时候卖家为了凸显商品，会使用长焦距、大光圈的镜头进行拍摄，这样拍出来的图片中商品清晰而背景模糊。那么如果没有过硬的拍摄技术怎么办呢？

这时可以考虑用 Photoshop 中的滤镜库（见图 2-91）制作"小景深"效果。

（1）用 Photoshop 打开如图 2-92 所示素材，这里将视线聚焦到化妆包上。

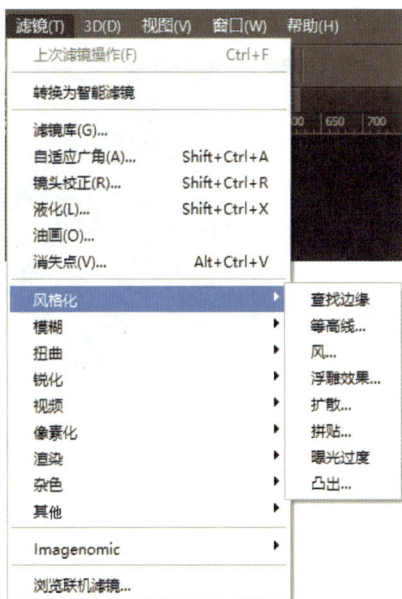
图 2-91

图 2-92

（2）选择画笔工具，激活工具箱中的"以标准模式编辑"工具，再用画笔工具点击并拖曳涂抹化妆包创建快速蒙版，如图 2-93 所示。

（3）打开通道面板，点击面板下方的"将通道作为选区载入"按钮，激活显示"RGB"通道，隐藏"快速蒙版"通道，如图 2-94 所示，可以发现在化妆包周围创建了一个选区。

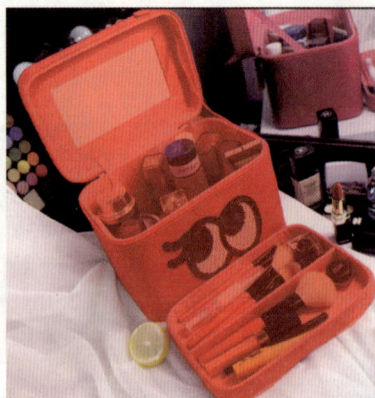

图 2-93

图 2-94

（4）按 Ctrl+F6 组合键打开羽化面板，设置羽化半径值为 20 像素，如图 2-95 所示。

（5）执行"滤镜"|"模糊"|"高斯模糊"命令，弹出如图 2-96 所示对话框，设置半径值为 2.3 像素，如图 2-97 所示。

图 2-95

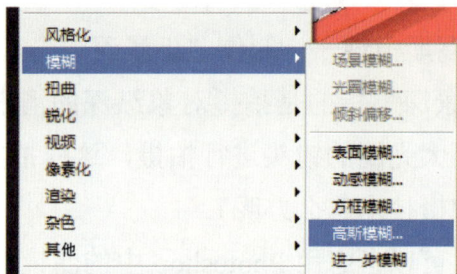

图 2-96

（6）按 Ctrl+D 组合键取消选区，完成"小景深"制作，效果如图 2-98 所示。

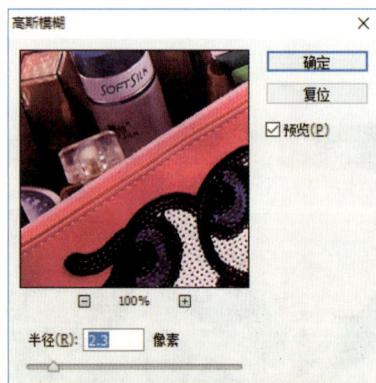

图 2-97

图 2-98

2. 镜头光晕

图 2-99

利用镜头光晕工具可以制作一个朦胧梦幻的美感，这个效果可以用来营造商品图片的场景氛围。

（1）用 Photoshop 打开素材，如图 2-99 所示，给钻戒添加镜头光晕。

（2）复制背景图层，执行"滤镜"|"渲染"|"镜头光晕"命令，拖曳十字标记的光晕位置到左上角，并设置"镜头光晕"参数，如图 2-100～图 2-102 所示。

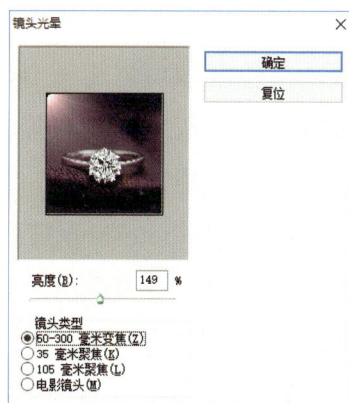

图 2-100   图 2-101   图 2-102

（3）执行"滤镜"|"模糊"|"高斯模糊"命令，并设置半径值为 1.0 像素，如图 2-103～图 2-104 所示。

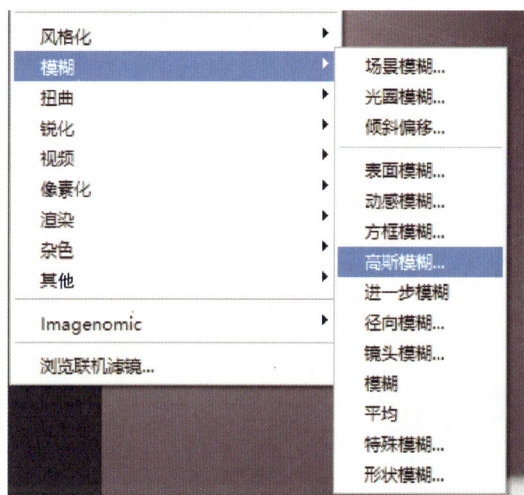

图 2-103   图 2-104

（4）设置"图层"面板中的混合模式为"滤色"，并设置不透明度为 85%，如图 2-105 所示。

（5）合并图层并保存，完成镜头光晕效果，如图 2-106 所示。

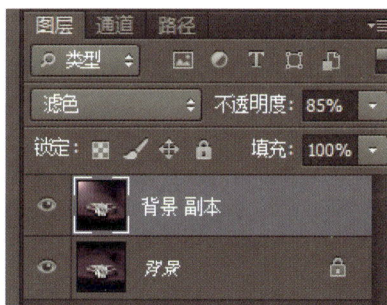

图 2-105   图 2-106

四、蒙版调整图层

在处理商品图片时，图层蒙版可以用于遮住商品图片的背景。在给图层添加蒙版时，蒙版只可以绘制灰度图像，白色区域为不透明，黑色区域为透明。也就是说，通过使用图层蒙版，白色区域可以将下方图层内容遮挡住，黑色区域则将下方图层的内容显示出来，而灰色区域会根据灰度级别来显示不同的透明效果。下面通过一个简单的案例学习用蒙版来遮住背景显示商品的方法。

（1）用 Photoshop 打开如图 2-107 和图 2-108 所示的素材。

（2）将图 2-107 所示素材放置在图 2-108 中，调整其大小至合适并放置在相应的位置，如图 2-109 所示。

图 2-107

图 2-108

图 2-109

（3）点击图层面板下方的"添加矢量蒙版"按钮，为图层 1 添加图层蒙版，如图 2-110 所示。

（4）确认图层 1 蒙版被激活，然后按 Ctrl+Delete 组合键为蒙版添加颜色（这里为黑色），这时商品图片被完全隐藏，如图 2-111 和图 2-112 所示。

图 2-110

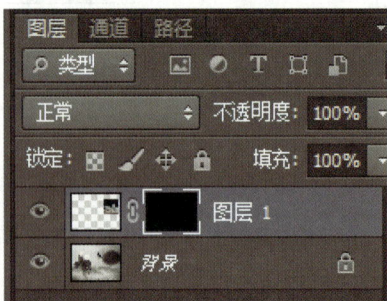
图 2-111

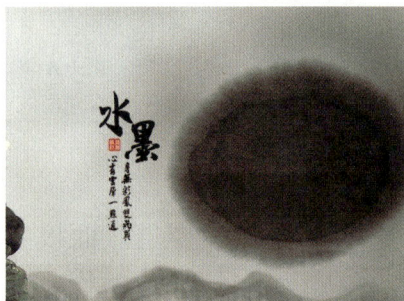
图 2-112

（5）选择画笔工具，笔触颜色设置为白色，并设置其工具栏属性，如图 2-113 所示。

（6）用画笔工具在水墨画晕染的区域进行涂抹，最终完成的效果如图 2-114 所示。

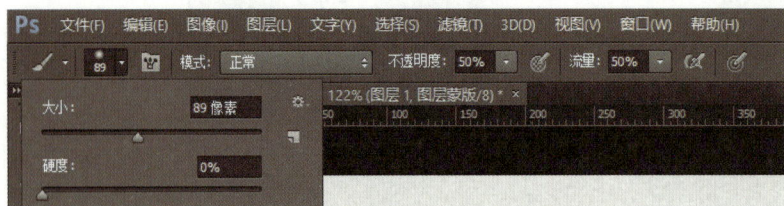
图 2-113

图 2-114

五、曲线命令

在任务三中已经讲解过，曲线命令可以用来解决商品图片曝光度的问题，而实际上，曲线命令还可以用来调整商品图片的色调。色调指的是画面中颜色的倾向，调整色调可以重新定义画面的整体风格。不同的色调会给人不同的感受，合理利用色调可以提高画面的表现力，营造出不同的氛围，从而让照片中的商品更加出众。

通过曲线命令，可以调整图像色彩曲线上的任意一个像素点来改变图像的色彩范围。打开一幅图像，执行"曲线"命令，在图像中点击并按住鼠标不放，如图 2-115 所示，对话框中显示的小圆圈表示图像中该点的像素数值。

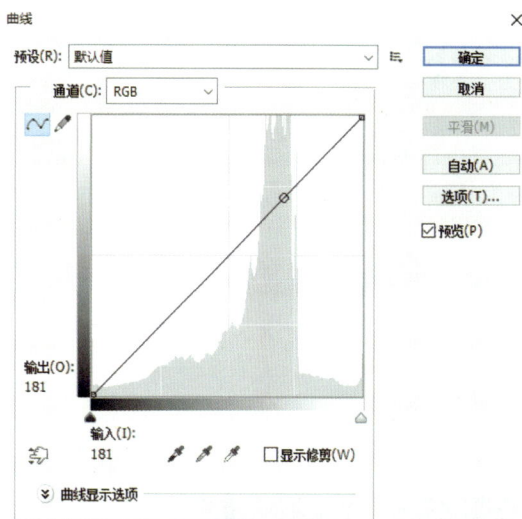

图 2-115

- 通道：用于选择调整图像的颜色通道。在图表中的 x 轴为色彩输入值，y 轴为色彩输出值，曲线则代表输入和输出色阶的关系。

- 编辑点以修改曲线 ：使用此工具，在图表曲线上点击，可以增加控制点，拖曳控制点可以改变曲线的形状，按 Delete 键可以删除控制点。

- 通过绘制来修改曲线 ：使用此工具，可以在图表曲线上绘制任意曲线，点击右侧"平滑"按钮可以使线条变得平滑，而按 Shift 键，则可以绘制出直线。

- "输入"和"输出"选项的数值显示的是图表中光标所在位置的亮度值。而"自动"按钮可以自动调整图像的亮度。

下面举一个简单的例子。如图 2-116 所示的商品是一款复古款式的连衣裙，复古即偏向于怀旧风格，下面通过曲线命令调整商品的色调。

（1）用 Photoshop 打开如图 2-116 所示素材。

（2）执行"图像"|"调整"|"曲线"命令，如图 2-117 所示。进入"蓝"通道，设置"曲线"参数，如图 2-118 所示。完成怀旧复古风格的色调调整，完成后的效果如图 2-119 所示。

图 2-116

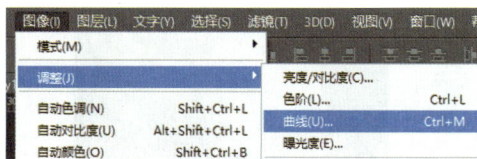

图 2-117

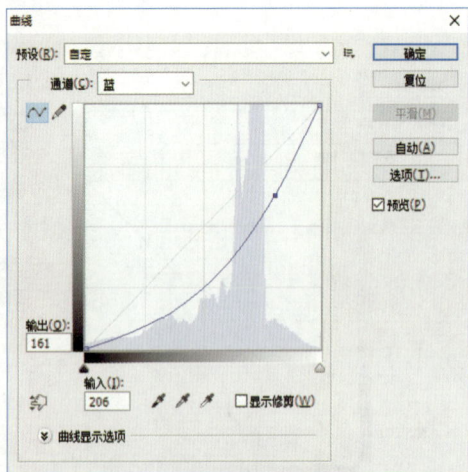

图 2-118

图 2-119

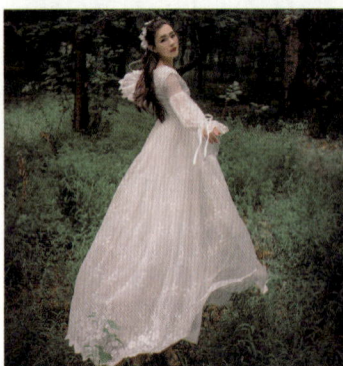

图 2-120

再举一个例子。如图 2-120 所示为一件小清新款式的白色长裙，使用曲线命令的调整可以让颜色更为鲜活靓丽。

（1）用 Photoshop 打开如图 2-120 所示素材。

（2）执行"图像"|"调整"|"曲线"命令，打开曲线对话框，选择预设为"反冲"模式，然后进入"绿"通道，再调整图表中的曲线，操作如图 2-121 和图 2-122 所示，即可完成最终的调整效果，如图 2-123 和图 2-124 所示。

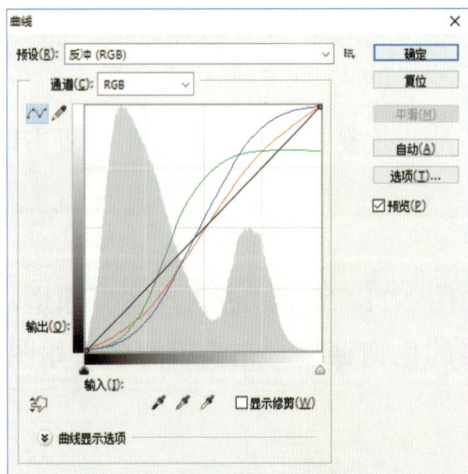

图 2-121

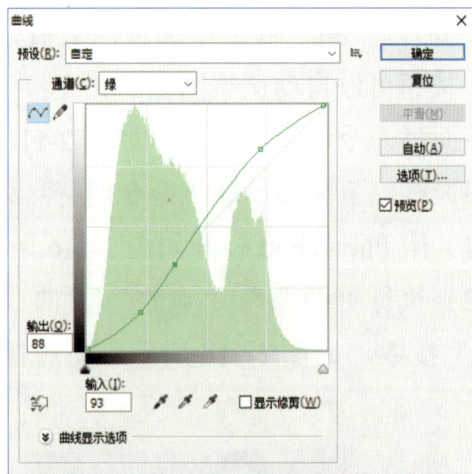

图 2-122

图 2-123

图 2-124

任务实施

为小雅拍摄的商品图片进行美图。

STEP 01　小雅希望能给她的商品图片"小黑裙"（见图 2-125）做服饰搭配，并优化商品的背景。你有什么好的建议吗？

建议：＿＿＿＿＿＿＿＿＿＿＿＿＿＿＿＿＿＿＿＿＿＿＿＿＿＿＿＿＿

＿＿＿＿＿＿＿＿＿＿＿＿＿＿＿＿＿＿＿＿＿＿＿＿＿＿＿＿＿＿＿＿＿

＿＿＿＿＿＿＿＿＿＿＿＿＿＿＿＿＿＿＿＿＿＿＿＿＿＿＿＿＿＿＿＿＿

＿＿＿＿＿＿＿＿＿＿＿＿＿＿＿＿＿＿＿＿＿＿＿＿＿＿＿＿＿＿＿＿＿

图 2-125

STEP 02　美化商品图片。

（1）为小黑裙寻找可以搭配的鞋子、包包和背景图片，打开 Photoshop 并将如图 2-126 所示的素材打开，利用所学的方法将它们分别抠取出来。

（1）　　　　　　　　（2）　　　　　　　　（3）

（4）　　　　　　　　　（5）

图 2-126

（2）用 Photoshop 打开背景图片，如图 2-126（4）所示，新建图层 1，用圆角矩形工具绘制一个圆角半径为 20 像素的圆角矩形路径，如图 2-127 所示。然后打开路径面板，点击"将路径作为选区载入"按钮，并按 Ctrl+Shift+I 组合键反向选择，如图 2-128 所示。

（3）设置前景色为黑色，按 Alt+Delete 组合键为选区填充黑色，如图 2-129 所示。

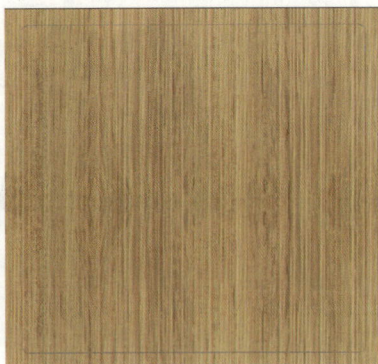

图 2-127　　　　　　　　图 2-128　　　　　　　　图 2-129

（4）执行"滤镜"|"渲染"|"云彩"命令，并设置图层混合模式为"柔光"，按 Ctrl+D 组合键取消选区，如图 2-130 所示。为图层添加图层"投影"样式，设置参数，如图 2-131 所示。

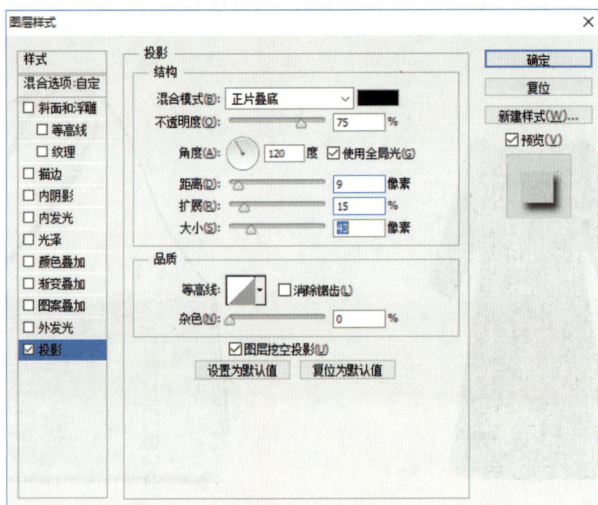

图 2-130　　　　　　　　　　　　　　　图 2-131

（5）打开如图 2-126（5）所示背景图片并拖曳至背景图层上方，放大并调整图片位置，如图 2-132 所示。为图层 2 添加图层蒙版，并填充蒙版颜色为黑色。然后在图层蒙版中，用矩形选框工具绘制一个矩形选框，设置其羽化值为 20 像素，并填充颜色为白色，使得矩形框内显示背景图案，如图 2-133 所示。最后，设置图层混合模式为"正片叠底"，如图 2-134 所示。

图 2-132　　　　　　　　图 2-133　　　　　　　　图 2-134

（6）将抠取的"小黑裙""包包"和"鞋子"拖曳至图 2-134 中，并调整其大小和位置，如图 2-135 所示。

（7）选择图 2-126（4）所在图层，执行"图像"|"调整"|"曲线"命令，调整"曲线"参数如图 2-136 所示，以提亮背景图片颜色。

图 2-135

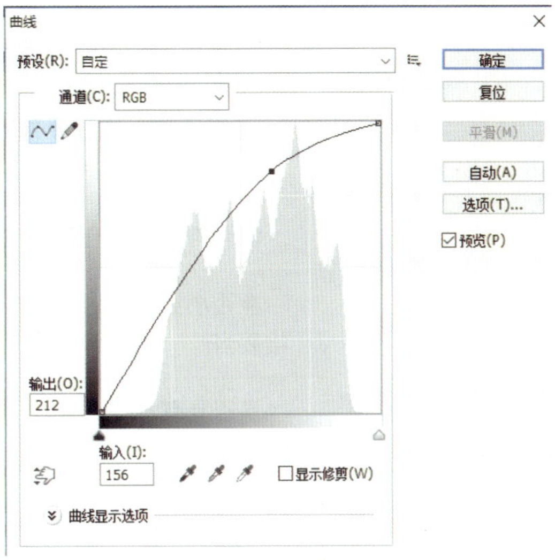

图 2-136

（8）最终效果如图 2-137 所示。

图 2-137

STEP 03 根据 **STEP 01** 中所提出的建议，与小组成员一起完成商品图片的美化设计。

☂ 任务评价

每名学生对自己在整个学习过程中的表现进行自评，并请学习小组成员和教师对自己在本任务学习中的表现做出评价，从定性和定量两方面填写评价表，如表 2-5 和表 2-6 所示。

表2-5 "细节美图工具"学习活动学生表现评价量化表

班级： 姓名： 学号：

序号	评价项目	描述性评价		量化评价			
		具体评价内容	填写具体事实	满分	自评	互评	师评
1	提出问题	①能否利用仿制图章工具去除斑点 ②能否利用修补工具修补肤色 ③能否利用滤镜做出图片特效 ④能否利用蒙版调整图层 ⑤能否利用曲线命令调整色调		20			
2	设计实施方案	能否自行设计合理的方案实施步骤		30			
3	实施操作	能否小组分工合作完成，操作步骤是否衔接妥当		30			
4	表达和交流	是否具有与他人合作、表达与交流的能力		10			
5	反思，提出新问题	如何利用所学美图知识整合商品图片		10			
等级				总分	100		
评语（教师填写）							

表2-6 "细节美图工具"学习活动学生表现评价权重结果

班级： 姓名： 学号：

自评（×20%）	小组互评（×50%）	教师评价（×30%）	总　　评

任务六 ┃ 商用图片合成

要想让商品图片达到商业级的效果，除了要对图片做基础调整，还需要整合图片，如图片的拼接、文字和水印的设计与添加等，这样不仅可以让商品图片锦上添花，还能让买家印象深刻。

任务目标

合成小雅淘宝店铺中的商品图片。

任务准备

商品图片、字体库、安装了Photoshop CS6的计算机一台。

知识链接

要让买家多角度了解商品，图片拼接是一个很好的处理方法。它不仅能多维度表现商品的特色，还能充分利用画面空间，让买家能快速有效地获得商品的信息。

一、图片拼接

1. 认识图层面板

要完成多张图片的拼接，就需要掌握对图层进行复制、合并、删除等基础调整的操作方法。下面一起来认识一下图层面板的界面，如图 2-138 所示。

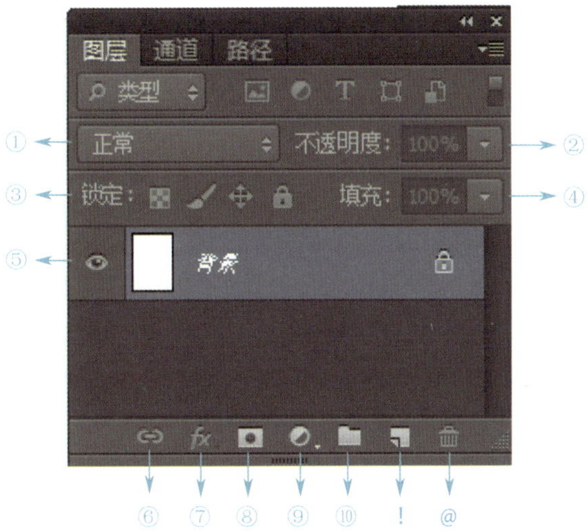

① 图层混合模式：用于设定图层混合模式效果，包含 26 种图层混合模式。
② 不透明度：用于设定图层不透明度。
③ 锁定按钮：用于锁定图层，包括锁定透明图层、锁定图层像素、锁定位置和锁定全部。
④ 填充：用于设定图层的填充百分比。
⑤ 眼睛图标：用于显示或隐藏图层中的内容。
⑥ 链接：将选中的图层进行链接。
⑦ 添加图层样式：添加图层样式效果。
⑧ 添加图层蒙版：在当前图层中添加蒙版，蒙版为灰度图像，黑色代表隐藏图像，白色代表显示图像。
⑨ 创建新的填充或调整图层：可以对图层进行颜色填充和效果调整。
⑩ 创建新组：新建一个图层文件夹。
⑪ 创建新图层：在当前图层上方创建一个新图层。
⑫ 删除图层：用于删除不需要的图层。

图 2-138

2. 图片拼接

图层就如同一张透明纸，每个图层上放置不同的图像，图层中的每个对象都可以进行单独的处理，而不会影响其他图层的图像。而商品的样式和色彩是多种多样的，为了清晰有条理地向买家展示商品的信息，可以对商品图片进行拼接。

下面以饰品为例介绍饰品类商品的合成方法。

（1）用 Photoshop 打开素材图，如图 2-139 所示。

（1）　　　　（2）　　　　（3）　　　　（4）

图 2-139

（2）将如图 2-139（2）所示素材拖曳至图 2-139（1）中，并调整其大小和位置，如图 2-140 所示。

（3）为图层 1 添加图层蒙版，并填充蒙版颜色为黑色，使图像透明，如图 2-141 所示，然后利用填充颜色为白色的椭圆工具在蒙版上绘制一个圆，使得饰品图像得以显示，如图 2-142 所示。若蒙版中的圆未与当前图层中的图像有交叠，这时可以解除中间的链接按钮 🔗，单独移动蒙版的圆或当前图层中的图像，从而使得图像有更好的显示效果。

图 2-140

图 2-141

图 2-142

（4）利用上述方法，将如图 2-139（3）和图 2-139（4）所示素材拖曳至图 2-139（1）中。

（5）选中图层 1，并为图层 1 添加图层样式"描边"，效果如图 2-143 所示。然后复制图层样式到图层 2 和图层 3 中，最终完成图像的拼接效果，如图 2-144 所示。

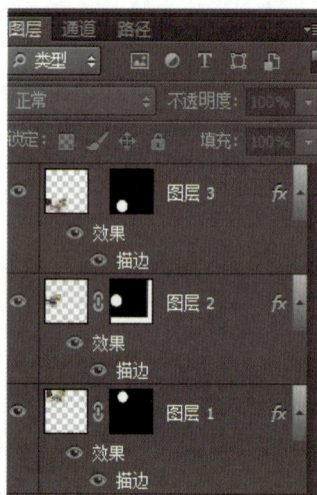
图 2-143

图 2-144

图 2-145

二、字体及字体安装

字体就是文字的风格，是文字的外衣。在商业作品中字体的应用不可或缺，不管是进行店铺装修还是制作商品展示图，都需要利用字体装饰文字，让信息表达更为丰富多彩，引人注目。Windows7/10 系统中字体都会统一存放于系统"C:\Windows\Fonts"文件夹里，如图 2-145 所示。

在设计制作商品图片时，往往需要遵从文字与图片风格相统一的要求，所以当发现计算机系统里的字体不够用时，可以从字体素材网站上下载所需的字体。下面为大家介绍字体安装的方法。

（1）用搜索引擎搜索，或在字体下载网站上找到需要的字体，并下载。

（2）解压字体压缩包，找到字体文件并按 Ctrl+C 组合键复制，字体文件后缀通常为：ttf、ttc、fom。

（3）打开"我的电脑"|"系统 C 盘"|"Windows"|"fonts"文件夹，按 Ctrl+V 组合键粘贴字体文件。

（4）打开 Photoshop，在使用文字工具时，点击属性栏中的"设置字体系列"下拉按钮，即可找到安装的字体样式，如图 2-146 所示。

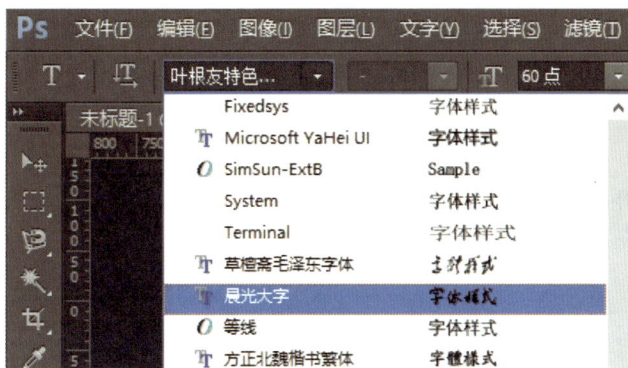

图 2-146

三、添加文字及文字排版

在处理商品图片时，为了让买家了解商品信息，经常需要在商品图片上添加文字说明，这时可以通过文字工具添加文字信息。

在 Photoshop 中，文字的添加工具包括横排文字工具、竖排文字工具、横排文字蒙版工具及竖排文字蒙版工具，如图 2-147 所示。横排文字工具是以水平方向进行文字编辑，竖排文字工具则是以垂直方向进行文字编辑。横排文字蒙版工具和竖排文字蒙版工具则分别按照其方向编辑文字，创建文字的轮廓选区。

若需要限制文字输入的范围，则可以用以上文字工具在图像上绘制一个矩形选框，这样就可以在矩形范围内添加文本段落了。

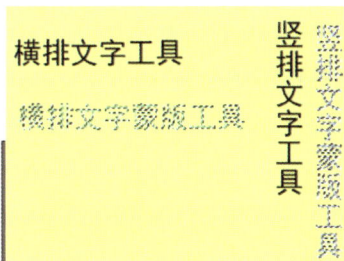

图 2-147

下面以图 2-144 所示饰品为例，为其添加一段商品描述文字。

（1）用 Photoshop 打开如图 2-144 所示素材。

（2）选择横排文字工具，在工具属性栏中设置字体、字号及颜色，如图 2-148 所示，并在图像中输入文本"SPRING"，效果如图 2-149 所示。

（3）新建图层，选择竖排文字蒙版工具，在工具属性栏中设置字体及字号，然后在图像右侧输入文字"春之萌"，效果如图 2-149 所示。

（4）选择工具箱中的"渐变"工具，打开"渐变编辑器"后，追加预设样式为"杂色渐变"，如图 2-150 所示，选择渐变色为"蜡笔绿"，为文字选区填充颜色，填充后效果如图 2-151 所示。

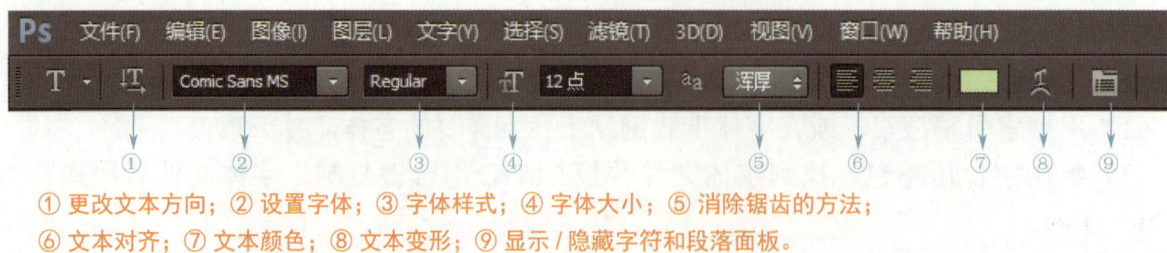

① 更改文本方向；② 设置字体；③ 字体样式；④ 字体大小；⑤ 消除锯齿的方法；
⑥ 文本对齐；⑦ 文本颜色；⑧ 文本变形；⑨ 显示 / 隐藏字符和段落面板。

图 2-148

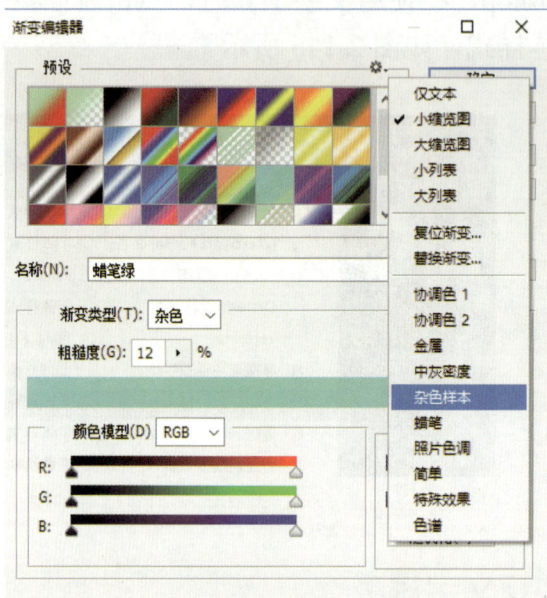

图 2-149   图 2-150   图 2-151

（5）选择工具箱中的竖排文字工具，在图片右侧绘制一个矩形选框并输入文字内容，如图 2-152 所示，然后执行打开"窗口"|"字符"面板，如图 2-153 所示，根据实际情况调整文字行距，最后完成文字的添加效果，如图 2-154 所示。

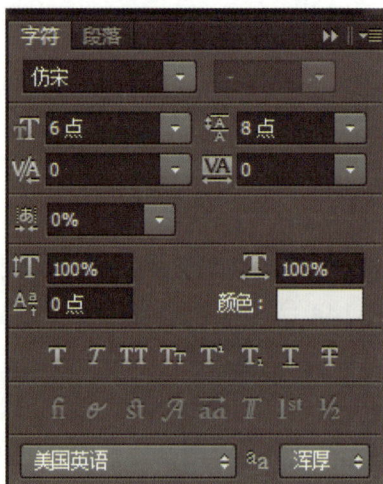
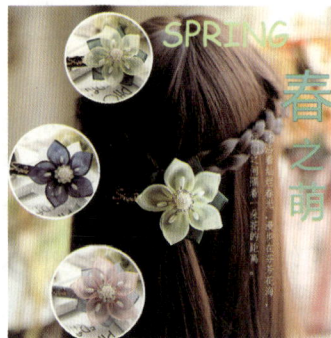

图 2-152   图 2-153   图 2-154

从上述操作可以看出，在为商品图片添加文本的过程中，如果对文字效果不满意，可以通过调用"字符"面板和"段落"面板来调整文字的其他属性效果，如图 2-155 和图 2-156 所示。

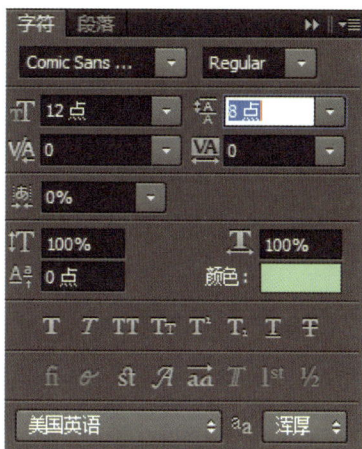
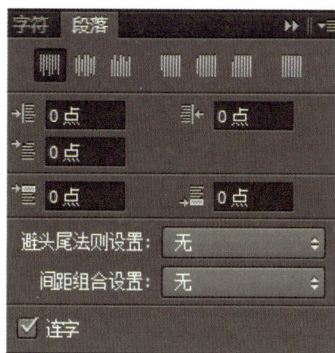

图 2-155　　　　　　　　　　　图 2-156

四、文字的图层样式

为了让文字与商品图片更加协调，应充分发挥文字的魅力，可以利用图层样式为文字添加多种特效。下面继续以上述的饰品案例为例，为文字添加图层样式效果。

（1）用 Photoshop 打开如图 2-154 所示图片素材。

（2）选择图层"SPRING"，为其添加"描边"和"投影"图层样式，如图 2-157 所示。

图 2-157

（3）选择图层 1，为其添加"斜面和浮雕"中的"纹理"样式、描边和内阴影样式，如图 2-158 所示。

图 2-158

（4）选择图层"沐浴着……"，为其添加"外发光"图层样式，最终效果如图 2-159 所示。

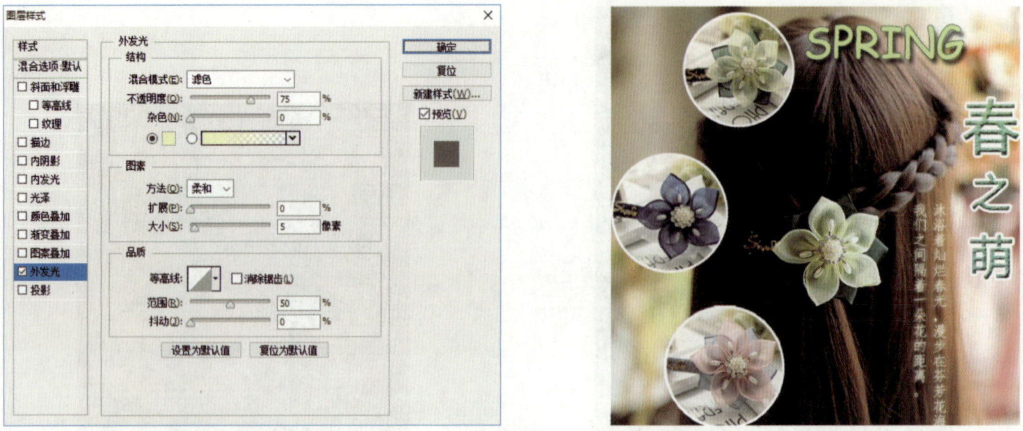

图 2-159

五、添加水印的方法

在处理商品图片的过程中，大部分卖家会为其添加水印，以防止被盗用。下面讲解在商品图片中添加水印的方法。

（1）用 Photoshop 打开如图 2-160 所示素材图片。

（2）选择横排文字工具，在属性栏中设置文字字体和字号，如图 2-161 所示，然后在图片合适的位置上输入文本"倩倩衣影"，如图 2-162 所示。

图 2-160

图 2-161

（3）选择文本图层，设置该图层"不透明度"为 30%，如图 2-163 所示。最后保存图片文件即可完成水印的添加，最终效果如图 2-164 所示。

图 2-162

图 2-163

图 2-164

六、复杂背景去水印的方法

前面讲解了添加水印的方法，那么当需要使用某些图片时，又该如何去除这些水印呢？

下面讲解两种去除水印的方法。

1. 仿制图章工具去除水印

（1）用 Photoshop 打开如图 2-165 所示图片素材。

（2）选择仿制图章工具，并设置其画笔笔触大小和硬度，如图 2-166 所示。将鼠标移至水印旁边干净的位置，按 Alt 键的同时点击鼠标左键取样。

（3）按住鼠标左键涂抹以去除水印，接着继续取样，再涂抹其他区域，直到完全去除水印，效果如图 2-167 所示。

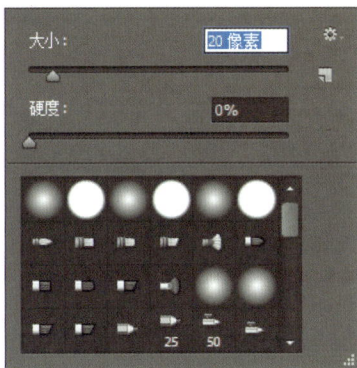

图 2-165 图 2-166 图 2-167

2. 内容识别填充去除水印

（1）用 Photoshop 打开如图 2-168 所示素材图。

（2）选择矩形选框工具，设置羽化值为 0，在图像中的水印位置上绘制一个矩形选框。

（3）按 Shift+F5 组合键，打开"填充"对话框，然后选择"内容识别"选项，如图 2-168 所示，按 Ctrl+D 组合键取消选区，即可去除图像上的水印，效果如图 2-169 所示。

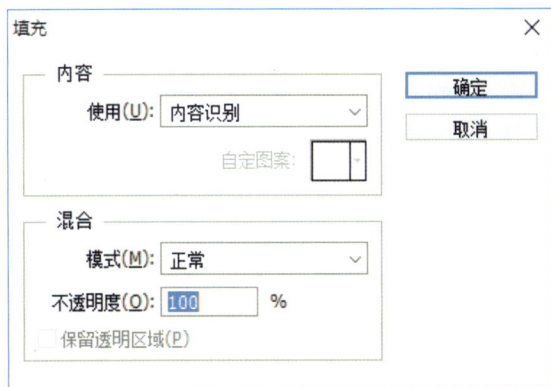

图 2-168 图 2-169

七、批量修改图片大小

未经处理的商品图片尺寸一般都偏大，所以在后期图像处理中需要大量进行图片大小的修改工作。为了能快速处理，可以使用 Photoshop 提供的批处理功能来完成。

（1）将要修改大小的图片放在同一个文件夹中，然后新建一个目标文件夹用来存放已修改好尺寸的图片，如图 2-170 所示。

图 2-170

图 2-171

（2）打开 Photoshop，执行"窗口"|"动作"命令，创建新动作，然后点击"记录"按钮，如图 2-171 和图 2-172 所示。然后打开其中一张需要修改的图片，执行"图像"|"图像大小"命令，更改图像"宽度"为 600 像素，然后点击"确定"按钮，如图 2-173 所示。接着保存图像到"修改后"文件夹中，选择品质最佳的图像选项，最后停止"记录"，如图 2-174 所示。

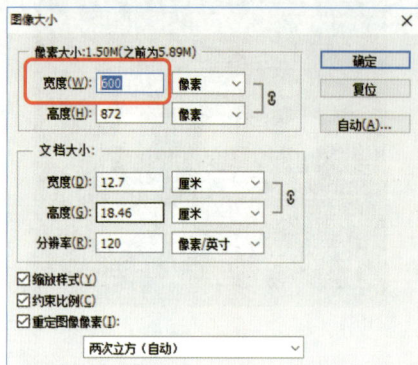

图 2-172   图 2-173   图 2-174

（3）执行"文件"|"自动"|"批处理"命令，打开"批处理"对话框，设置"源"文件夹，选取"需修改"文件夹，勾选"覆盖动作中的'打开'命令"复选框；设置"目标"文件夹，选择"修改后"文件夹，勾选"覆盖动作中的'存储为'命令"复选框，最后点击"确定"按钮，如图 2-175 所示。

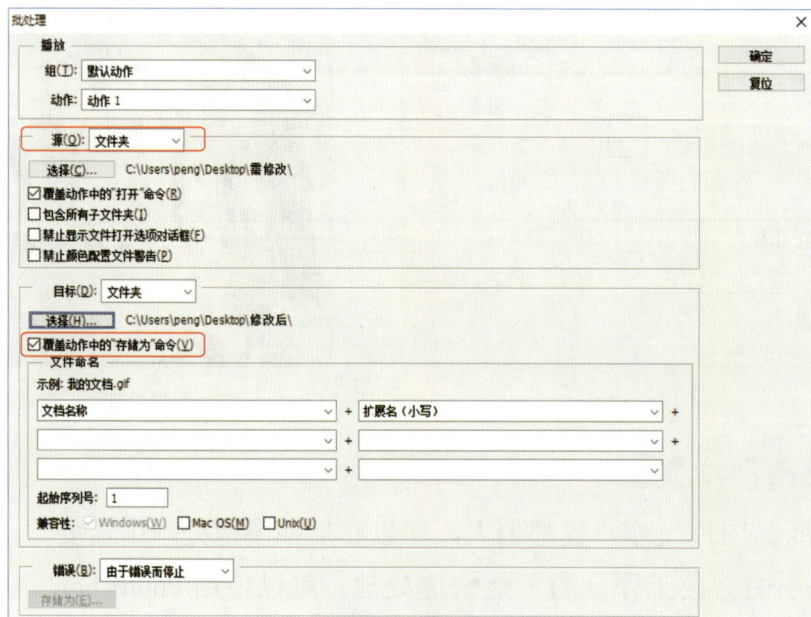

图 2-175

（4）最后打开"修改后"文件夹，可以发现图片大小已修改完毕并保存在其中，如图 2-176 所示。

图 2-176

任务实施

合成小雅拍摄的商品图片。

STEP 01　小雅希望整合出一张商品图片"破洞牛仔裤"，具体要求如下。

（1）将如图 2-177（1）～（4）所示素材合成为一张能体现服装细节的商品图片。

（2）去除图 2-177（1）中的水印，换成品牌水印。

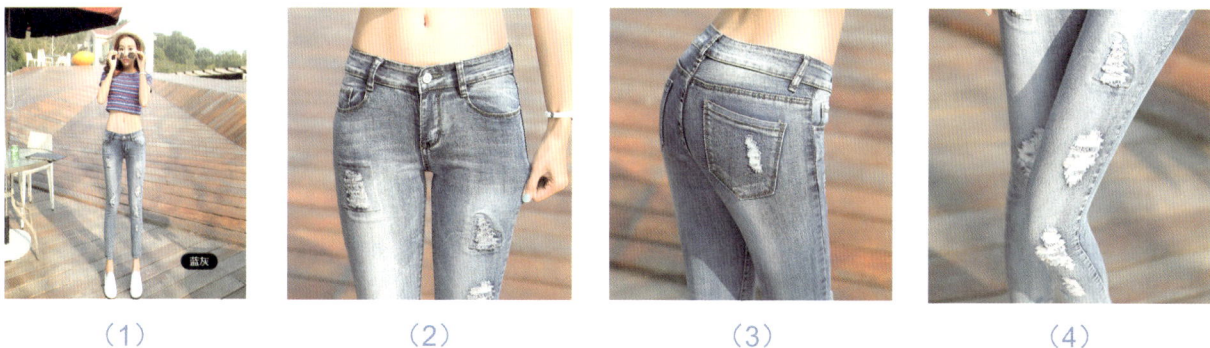

（1）　　　　　　（2）　　　　　　（3）　　　　　　（4）

图 2-177

请提出你的建议：_____

_____

_____

_____

STEP 02　合成商品图片。

（1）用 Photoshop 打开如图 2-177（1）所示图片素材，双击背景图层解除锁定。

（2）选择仿制图章工具，设置其画笔笔触大小和硬度，如图 2-178 所示，按 Alt 键的同时点击图片的水印周边进行取样；然后按住鼠标左键涂抹以去除水印，接着继续取样，再涂抹其他区域，直至完全去除水印，如图 2-179 所示。

图 2-178

（3）选择移动工具调整图 2-177（1）所示图片素材的位置，如图 2-180 所示。

（4）用 Photoshop 打开如图 2-177（2）~（4）所示图片素材，将其拖曳至图 2-177（1）中并调整其大小和位置，如图 2-181 所示。

图 2-179

图 2-180

图 2-181

（5）使用矩形选框工具为如图 2-181 所示图片素材添加白色边框效果，以划分图片细节，如图 2-182 所示。也可使用图层蒙版的方式添加图片边框。

（6）新建图层，绘制一个白色的矩形，并调整其透明度为 30%，用橡皮擦擦除中间部分，在中间区域输入文本，且调整透明度为 30%。最后合并两个水印图层，调整其位置与大小，最终效果如图 2-183 所示。至此，便完成了图片的合成。

图 2-182

图 2-183

STEP 03　根据步骤 1 的建议，与小组成员一起设计并完成商品图片的合成。

☂ 任务评价

每名学生对自己在整个学习过程中的表现进行自评，并请学习小组成员和教师对自己在本任务学习中的表现做出评价，从定性和定量两方面填写评价表，如表 2-7 和表 2-8 所示。

表 2-7 "商用图片合成"学习活动学生表现评价量化表

班级： 姓名： 学号：

序号	评价项目	描述性评价		量化评价			
		具体评价内容	填写具体事实	满分	自评	互评	师评
1	提出问题	① 能否进行图片的拼接 ② 能否下载与安装字体 ③ 能添加文字并编排文字 ④ 能否为文字添加图层样式效果 ⑤ 能否添加与去除图片水印 ⑥ 能否批量修改图片大小		20			
2	设计实施方案	能否自行设计合理的方案实施步骤		20			
3	实施操作	能否小组分工合作完成，操作步骤是否衔接妥当		20			
4	分析并得出结论	能否利用所学知识，对图片进行设计与整合		20			
5	表达和交流	是否具有与他人合作、表达与交流的能力		10			
6	反思，提出新问题	如何将整合的商品图片上传至淘宝网店		10			
等级			总分	100			
评语（教师填写）							

表 2-8 "商用图片合成"学习活动学生表现评价权重结果

班级： 姓名： 学号：

自评（×20%）	小组互评（×50%）	教师评价（×30%）	总评

✿ 任务七 ｜ 网店网页制作

店铺的装修和日常管理需要制作大量的图片，很多美工的设计能力很强但作品不符合网页展现的形式，原因是没有正确地将图片转化为网页页面可以应用的形式。

🎯 任务目标

将制作好的商品促销列表图使用 Photoshop 切片工具、HTML 网页链接、淘宝图片空间应用到淘宝店铺中。

✅ 任务准备

淘宝网店账号一个、Photoshop、Dreamweaver、多媒体计算机一台。

知识链接

一、Photoshop 切片工具

使用 Photoshop 切片工具 ✄ 切割图片的一个区域时将生成一个新图片，如图 2-184 所示。

图 2-184

切片的作用是：缩小图片像素，加快网页加载速度；淘宝卖家装修网店时可以做出更多个性的自定义模块，令网店更漂亮。

二、超级链接

店铺装修中制作的图片需要链接到商品或者自定义页面中，这时就需要使用到超级链接，以进行页面之间的跳转。

商品图片或广告图制作链接的方法如下所述。

（1）打开 Dreamweaver，插入图片，然后选择图片。

（2）在属性框中输入需要链接到的网址，如图 2-185 所示。

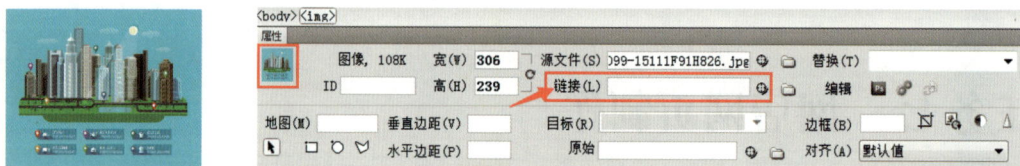

图 2-185

（3）制作弹出新窗口链接，需要在属性框中设置"目标：_blank"，如图 2-186 所示。

（4）为图片添加超链接后会出现一个边框，需要在属性栏中设置"边框：0"取消边框，如图 2-187 所示。

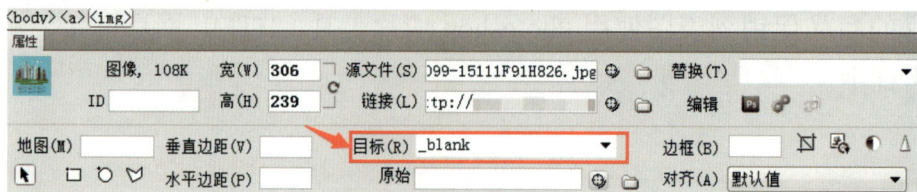

图 2-186

图 2-187

若想将文字（商品标题）制作成超链接，需要先选择文字，然后按上述方法进行操作。

三、无边框表格

图片在 Photoshop 中进行切割后保存为 Web HTML 格式，会自动生成无边框表格。

通常在排版中会使用无边框表格。若 Dreamweaver 中插入表格，需要设置边框的属性值为 0，填充的属性值为 0，间距的属性值为 0，如图 2-188 所示。这样表格就没有边框了，排版后也会更美观，其对比如图 2-189 所示。

图 2-188

图 2-189

☝ 任务实施

为小雅制作网店页面商品列表切割图片，并应用于网店。

STEP 01　打开 Photoshop，打开图片素材，如图 2-190 所示。

STEP 02　选择工具箱中的切片工具，如图 2-191 所示。

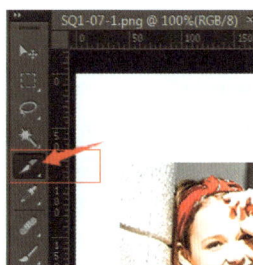

图 2-190　　　　　　　　　图 2-191

STEP 03 使用切片工具对图片进行切割。通常切割时，同一功能内容切在同一幅图内，切片的上下、左右分别对齐，如图 2-192 所示。

STEP 04 右击切片，在快捷菜单中选择"编辑切片选项"命令，如图 2-193 所示。进入"切片选项"对话框，设置"名称"为自动生成的图片名；"URL"为切片图片需要链接的地址；"目标"为是否需要在新窗口打开，若需要则填入"_blank"；"Alt 标记"为图片的提示信息，如图 2-194 所示。

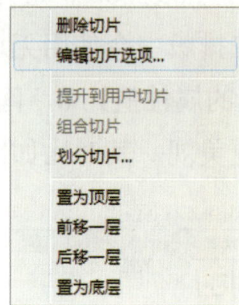

图 2-192

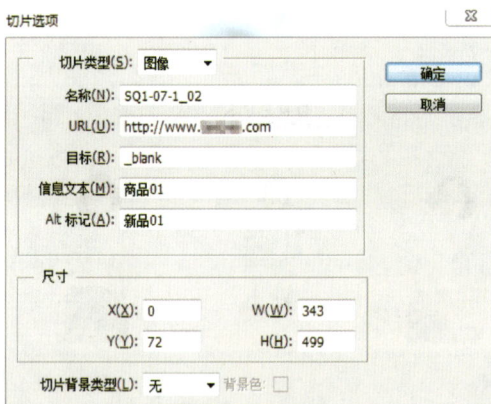

图 2-193

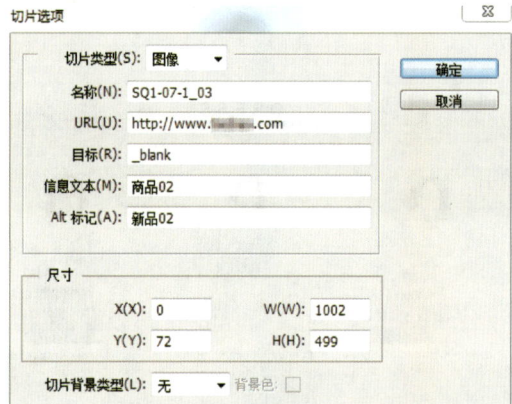

图 2-194

STEP 05 切片的链接做好后，接下来是保存图片。

（1）执行"文件"|"存储为 Web 所用格式 ..."命令，如图 2-195 所示。

（2）设置切片图片的格式，如图 2-196 和图 2-197 所示。

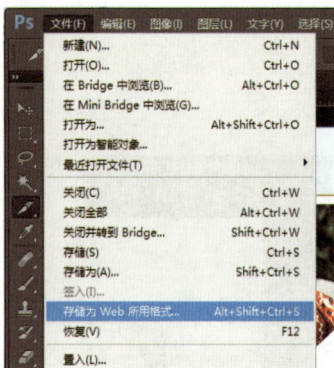

图 2-195

图 2-196

（3）输入文件名，设置保存格式，选择"HTML 和图像"保存一个 HTML 网页和图片。若只保存切片图片则选择"仅图像"，若只保存 HTML 网页则选择"仅 HTML"，如图 2-198 所示。保存完成后生成一个 images 文件夹和一个 HTML 文件，如图 2-199 所示。

 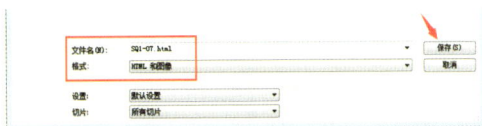 

图 2-197　　　　　　　　　　图 2-198　　　　　　　　图 2-199

小技巧

若是色彩比较单一的图片区域选择相应的切片保存为 GIF 格式，可以有效压缩图片；若是色彩丰富的商品图片切片可保存为 JPG 高品质图片，以满足显示器的观感。

STEP 06　将保存在 images 文件夹的图片上传至淘宝图片空间。

（1）打开"店铺管理"菜单，点击"图片空间"即可进入，如图 2-200 所示。

图 2-200

（2）右击左侧列表可以新建、移动、重命名、删除文件夹，如图 2-201 所示。新建 SQ1-07 文件夹用于放置上传图片。

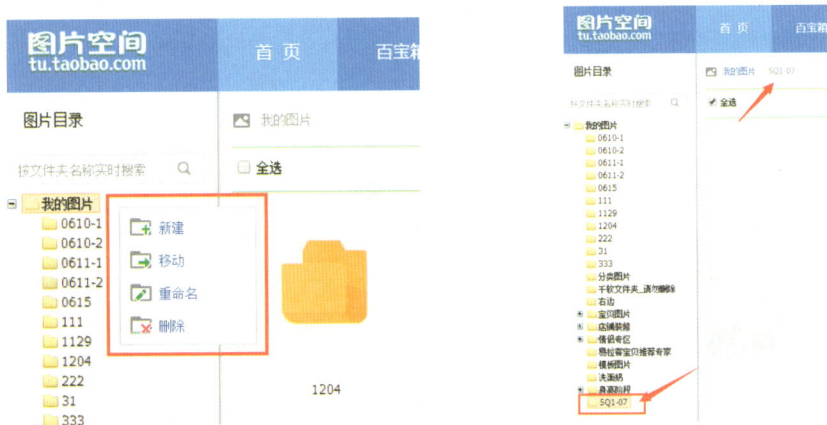

图 2-201

（3）上传图片到 SQ1-07 文件夹，点击"上传图片"按钮，选择"通用上传"项，然后选择上传文件，如图 2-202 和图 2-203 所示。

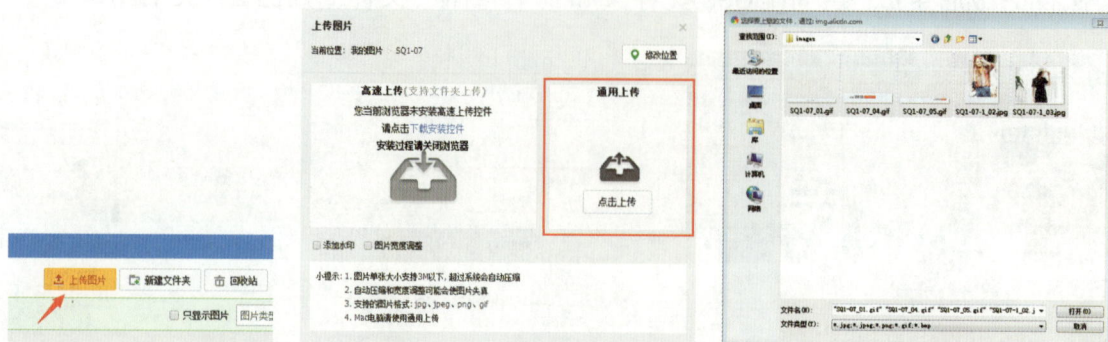

图 2-202

图 2-203

STEP 07 修改 HTML 文件的图片地址。保存的图片地址默认是本地地址，在互联网上必须使用互联网图片地址才能正常显示。

将鼠标放在图片上，会显示出 3 个图标，如图 2-204 所示，左侧为"复制图片"，中间为"复制链接"，右侧为"复制代码"。其中，复制图片即直接复制图片，复制链接即复制图片在淘宝空间上的地址，复制代码即复制图片的完整代码。

STEP 08 用淘宝空间图片替换本地图片。

使用 Dreamweaver 打开图 2-199 所示的 SQ1-07.html 文件，在界面中选择拆分视图，如图 2-205 所示。

图 2-204

图 2-205

用淘宝图片替换本地图片，操作步骤如下。

（1）选择第一张图片对应的代码，如图 2-206 所示。

（2）复制淘宝图片空间中相对应的图片代码，点击"复制代码"按钮，如图 2-207 所示。

图 2-206

图 2-207

（3）查看替换代码后的效果，如图 2-208 所示。

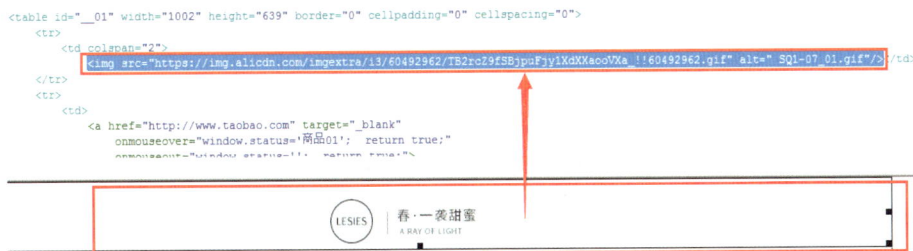

图 2-208

（4）将其他图片都替换为淘宝空间图片地址，如图 2-209 所示，并预览图片显示是否正确。

STEP 09　将改写好的代码应用于店铺装修。

复制代码表格（<table></table>）的代码，将修改完成后的 HTML 代码复制后粘贴到装修自定义区中，然后检查图片显示是否正确，如图 2-210～图 2-212 所示。

图 2-209

图 2-210

图 2-211

图 2-212

63

☂ **任务评价**

　　每名学生对自己在整个学习过程中的表现进行自评，并请学习小组成员和教师对自己在本任务学习中的表现做出评价，从定性和定量两方面填写评价表，如表2-9和表2-10所示。

表2-9　"网店网页制作"学习活动学生表现评价量化表

班级：　　　　　　　　　姓名：　　　　　　　　　学号：

序号	评价项目	描述性评价		量化评价			
		具体评价内容	填写具体事实	满分	自评	互评	师评
1	提出问题	① 切割版式是否合理 ② 图片保存格式是否合理 ③ 上传图片是否按目录上传 ④ HTML 图片、链接是否正确 ⑤ 淘宝装修应用是否正确		20			
2	HTML 改写实施	能否自行合理地实施步骤		30			
3	实施操作	能否小组分工合作完成，操作步骤是否衔接妥当		30			
4	表达和交流	是否具有与他人合作、表达与交流的能力		10			
5	反思，提出新问题	是否按网页的版式合理切割；　如何执行		10			
	等级		总分	100			
	评语（教师填写）						

表2-10　"网店网页制作"学习活动学生表现评价权重结果

班级：　　　　　　　　　姓名：　　　　　　　　　学号：

自评（×20%）	小组互评（×50%）	教师评价（×30%）	总　　评

↻ **项目实训**

　　实训 01　如图 2-213 所示为小雅朋友的饰品店，他觉得商品图片有问题，请你根据他提出的问题修改图片。

　　图 2-213（1）的问题：项链颜色偏红，商品有些模糊不清。

　　图 2-213（2）的问题：项链图片太亮了，细节看不清楚。

　　图 2-213（3）的问题：想突出包包上的挂饰。

（1）　　　　　　（2）　　　　　　（3）　　　　　　（4）

图 2-213

图 2-213（4）的问题：挂饰看起来颜色偏冷，想给挂饰添加暖色调。

实训 02　根据下列要求，选择最合适的抠图方法抠取下列素材图像（原图见图 2-214）。

要求：抠取图 2-214（1）中的图片素材，并拼接至图 2-214（2）中。

要求：抠取图 2-214（3）中的图片素材。

要求：进行 T 恤 DIY，将图 2-214（4）中的图片素材置于图 2-214（5）中的白色 T 恤上。

（1）　　　　　　　　　　（2）　　　　　　　　　　（3）

（4）　　　　　　　　　　（5）

图 2-214

实训 03　小 E 经营一家运动鞋网店，他拍摄了一组运动鞋系列图片，其中一张图片（见图 2-215）需要进行特殊处理，目的是让运动鞋在图片中更加突出，更具有动感。请你根据他的要求对商品图片进行美化。

实训 04　请根据如下信息（见表 2-11）和图片（见图 2-216），设计并合成一张商品细节图。

图 2-215

图 2-216

表 2-11　商品细节

商品细节	高档拉头设计	插锁设计	高档金属调节扣	肩带连接设计
图例				

实训 05　请用 Photoshop 对大伟设计的商品促销列表进行切割，转换为网页，并将每个商品图片链接到淘宝网首页，效果如图 2-217 所示。

图 2-217

教学微视频

项目三

店铺模块装修

项目背景

　　小雅一直在学习图片处理技术，现在已经基本能够熟练地运用图片处理技术做出符合要求的图片了。图片处理好后，小雅发现，想将网店装修好不仅是学会图片处理这么简单，小雅再次找到大伟求助。经过大伟的细致讲解，她终于明白，图片处理不等同于网店装修，网店装修还需要设计能够彰显商品特色的店招、清晰适用的导航条、吸睛的广告轮播，还有小雅一直不太明白该怎么设计的页脚模块。

学习目标

1. 店招的制作符合商品的特色和风格。
2. 导航条的分类清晰、适用。
3. 图片轮播模块布局合理，引人注目。
4. 页脚模块分类实用。
5. 通过实践美工操作，提高理解美工技能的核心素养。

学习任务

任务八　制作网店店招

任务九　设计导航条

任务十　图片轮播应用

任务十一　布局页脚模块

教学微视频

❀ 任务八 | 制作网店店招

> 店招，顾名思义，就是网店的店铺招牌，从网店的品牌推广角度看，想要让店招变得易于记忆，在设计上就需要具备新颖、易于传播、便于记忆等特点。
>
> 店招一般位于网店的顶端，成功的店招需要标准的颜色和字体，以及简洁的设计版面。此外，店招包含简介及吸引力强的广告语，画面还要具备强烈的视觉冲击力，清晰地告诉买家你在卖什么，通过店招也可以对店铺的装修风格进行定位。

◎ 任务目标

为小雅的淘宝店铺设计符合其商品的店招。

☑ 任务准备

淘宝网店账号一个、计算机一台。

▤ 知识链接

近年来随着网络交易平台的发展，店招也延伸到网店中。店招的大小一般都有统一要求。淘宝网的店招宽度为 950 像素，格式为 JPG、GIF（淘宝网自身有 Flash 的店招）。好的店招要求有标准的色（字）、宽度、长度，风格简洁、明亮，对灯光、亮度、灯的间隔距离、打灯的时间也有要求，如图 3-1 所示。卖家往往会追求店招的吸引性，因此店招也越来越形象生动。

图 3-1

一、LOGO 的制作

尽管 LOGO 看起来微不足道，但它却代表着整个公司或品牌，必须具有辨识度、价值，以及传达出更多信息。不能将 LOGO 当成一件"微小"的设计工作，它可以成为一个公司最重要的设计，也会引导未来的商品设计和品牌决策。好的 LOGO 是充满力量的，无论它包含的是图形还是纯文字，都能体现出它特定的力量，从而引人注目。好的 LOGO 是独特的，不会与其他公司的 LOGO 混淆，尤其不会与商业竞争对手的 LOGO 混淆。LOGO 示例如图 3-2 所示。

LOGO 的设计技巧有很多，概括起来要注意以下几点。

图 3-2

（1）保持视觉平衡、讲究线条流畅，使整体形状美观。

（2）用反差、对比或边框等强调主题。

（3）选择恰当的字体。

（4）注意留白，给人想象空间。

（5）合理运用色彩。因为人对色彩的反应比对形状的反应更为敏锐和直接，更易激发情感。不同的色彩搭配会令 LOGO 呈现出不同的视觉效果，也会传递给顾客不同的品牌定位。因此，LOGO 的基色要相对稳定，同时要合理运用色彩的明暗冷暖等对比关系，如图 3-3 所示。

图 3-3

二、常规店招

网店中的 LOGO 即店招，是该网店形象的图形标志，代表着该网店的品牌理念和风格。

1. 店招应具备的信息

（1）品牌 LOGO 一定要出现在最醒目的位置，如图 3-4 所示。

图 3-4

（2）店招能体现该网店的品牌诉求，如"来伊份"的"健康、美味、新鲜，我要来伊份"。值得注意的是，日常的促销信息可以在店铺的促销时段放上去，店铺的促销时段过后要及时将促销信息撤下来，这样才能保持店铺的品牌性。

2. 常规店招的主要特性

（1）识别性。

要求店招必须易识别、易记忆，要做到无论是从色彩上还是构图上都要简单。

（2）特异性。

所谓特异性就是要与其他 LOGO 有所区别，要有自己的特性。

（3）内涵性。

设计的 LOGO 一定要有自身的含义，否则就算设计得再漂亮也只是形式上的，没有任何意义。这就要求 LOGO 必须有自己的象征意义。

思考

观察图 3-5～图 3-7，谈谈这 3 个 LOGO 是否具有上述三方面的特性，各有什么优缺点。

图 3-5   图 3-6   图 3-7

3. 店招的作用

（1）店招可以表明网店所出售的物品或服务项目等。

（2）店招可以传递网店的经营理念和品牌优势。

（3）店招可以展示出网店的特价活动及促销方式等，如图 3-8 所示。

图 3-8

三、通栏店招

通栏店招，即店招的长度与网页的宽度一致。以淘宝为例，淘宝网页的宽度为 950 像素，那么通栏店招的长度也应是 950 像素。通栏店招可以将店铺的一些基本功能（如收藏本店、今日特卖、折扣优惠等）以链接方式呈现，方便顾客进入下一个页面。

通栏店招

如图 3-9 和图 3-10 所示为淘宝网的通栏店招。

图 3-9

图 3-10

四、制作店招的注意事项

制作店招时需要注意如下事项。

首先，视觉重点不宜过多，一两个足够，太多会给店招造成压力。

其次，要根据店铺现阶段的情况来分析。如果现阶段在做大促，可以着重突出促销的信息，但是品牌性也不能忽略。

再次，店招一定要凸显品牌的特性，让顾客很容易就清楚销售的是什么商品，能及时了解店铺商品的风格与品牌文化等。这些元素需要店家对自己的商品有一定的理解，如"茵曼"的店招中用一个卡通人物来作为品牌形象代表，以此来突出品牌文化。

最后，店招的颜色不要过于复杂，不要使用过多的颜色，一定要保持整洁。店铺本来需要表达的信息量就有限，因此不要将店招做得太花哨，如给买家造成视觉疲劳则很可能会流失关注度。因此，店招的颜色尽量不要超过 3 种，且避免使用过于夸张的颜色。

五、店招包含的元素

店招包含的元素有：店铺名称、LOGO（店标）、口号、主推商品、促销活动、优惠券、收藏、关注等。

任务实施

小雅经营的淘宝店铺"香榭丽舍"主要销售小清新风格的女装。现在该店铺正在春装上新，小雅想为店铺设计一个适合推广春装的店招。

一、为小雅的服装店铺"香榭丽舍"设计一款简单的文字 LOGO

STEP 01　打开 Photoshop，新建一个文档，命名为"LOGO"，宽度为 250 像素，高度为 100 像素，颜色模式为 RGB，背景颜色为透明。

STEP 02　使用文字工具添加店铺名称"香榭丽舍"，字体为华文彩云，字号为 36，颜色值为 #5ac1a5，显示出一种浑厚的效果。

STEP 03　复制文字"香榭丽舍"图层，得到副本，将副本的类型设置为"正片叠底"，不透明度和填充都是"100%"，从而得到一个简单的文字 LOGO，效果如图 3-11 所示。

图 3-11

二、为小雅的服装店铺"香榭丽舍"设计一个店招

STEP 01　打开 Photoshop，新建一个文档，命名为"LOGO"，宽度为 950 像素，高度为 300 像素，颜色模式为 RGB，背景颜色为白色。

STEP 02　新建图层 1，重命名为"春季特惠"，使用文字工具为图片添加文字"春季特惠"，字体为华文隶书，颜色值为 #05a99b，字号为 55，浑厚，最后调整好位置。

STEP 03　如图 3-12 所示，执行"文字"|"变形文字"命令，打开"变形文字"对话框，"样式"选择扇形，方向勾选"水平"，"弯曲"值为 +50%，点击"确定"按钮。变形后的效果如图 3-13 所示。

STEP 04　新建图层，重命名为"优惠"，使用文字工具为图片添加文字"两件九折、三

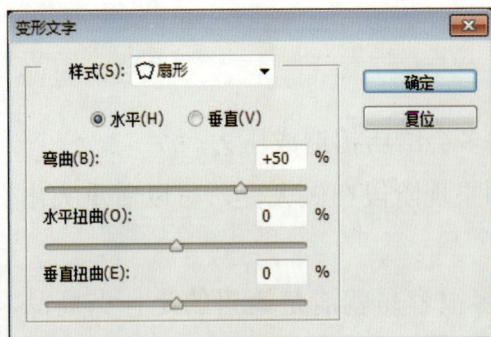

图 3-12   图 3-13

件八折、四件以上七折"，字体为华文行楷，颜色值为 # 609f2c，字号为 24；浑厚，最后调整好位置。效果如图 3-14 所示。

图 3-14

STEP 05 新建图层，重命名为"植物"，打开素材图像"植物"，使用移动工具将植物移到"植物"图层，最后调整植物的位置，如图 3-15 所示。

图 3-15

STEP 06 新建图层，重命名为"收藏"，使用文字工具为图片添加文字"收藏本店"，字体为华文行楷，颜色值为 # 0f6a08，字号为 36，浑厚，并调整好位置。效果如图 3-16 所示。

图 3-16

STEP 07 新建图层，重命名为"添加 LOGO"，打开素材图像"LOGO"，使用移动工具将植物移到"添加 LOGO"图层，调整文字 LOGO 的位置。至此，完成了一个简单的淘宝店招，如图 3-17 所示。

香榭丽舍

春季特惠

两件九折
三件八折
四件以上七折

收藏本店

图 3-17

☂ 任务评价

　　每名学生对自己在整个学习过程中的表现进行自评，并请学习小组成员和教师对自己在本任务学习中的表现做出评价，从定性和定量两方面填写评价表，如表 3-1 和表 3-2 所示。

表 3-1　"制作网店店招"学习活动学生表现评价量化表

班级：　　　　　　　　　　姓名：　　　　　　　　　学号：

序号	评价项目	描述性评价		量化评价			
		具体评价内容	填写具体事实	满分	自评	互评	师评
1	提出问题	① LOGO 是否符合店铺风格 ② LOGO 色彩搭配是否能吸引眼球 ③ 店招整体设计是否符合商品定位 ④ 店招功能是否齐全		20			
2	设计实施方案	能否自行设计合理的方案实施步骤		20			
3	实施操作	能否小组分工合作完成，操作步骤是否衔接妥当		20			
4	分析并得出结论	能否根据商品、目标客户人群的喜好把握好色调、样式、统一的版式设计，从而可以较快地找到一个适合自己网店的 LOGO		20			
5	表达和交流	是否具有与他人合作、表达与交流的能力		10			
6	反思，提出新问题	合理化版块排布及整体调色搭配如何执行		10			
	等级		总分	100			
	评语（教师填写）						

表 3-2　"制作网店店招"学习活动学生表现评价权重结果

班级：　　　　　　　　　　姓名：　　　　　　　　　学号：

自评（×20%）	小组互评（×50%）	教师评价（×30%）	总评

❁ 任务九 ｜ 设计导航条

　　店铺导航条位于页面最上方，居于店铺的核心位置。它通常包括店铺的首页和商品栏目及各个单页面的导入链接，方便客户最快、最简单地到达不同页面，同时也方便客户一目了然地发现网店的主要信息。

🎯 任务目标

为小雅的淘宝店铺设计符合其所经营商品（服装）的导航条。

☑ 任务准备

淘宝网店账号一个、计算机一台。

📋 知识链接

导航条是网店非常重要的部分，需要有层次地、条理清晰地进行展示，以有效地将信息传递给客户，为光顾网店的客户提供浏览路径，使其可以方便地访问到网店的所需内容，快速找到想要浏览的页面。导航条需要美观、简洁、直观，如图3-18所示。

图 3-18

在一个完整的网站中，导航不仅是链接，可以说，它还是一种思维，是一种创建网站的思维，这样的思维可让用户清晰地看见网站中的信息内容，所有想查找的信息都处于可及范围之内，并不需要费劲去寻找。

一、在导航条上添加分类

图 3-19

以淘宝店铺"香榭丽舍"为例，在装修店铺时要想添加导航条的分类，即个性化定义导航条的内容，需要预先设计好导航的内容类别，之后登录淘宝店铺，进入卖家中心进行设置。首先，在"卖家中心"展开店铺管理，点击"宝贝分类管理"选项，如图3-19所示，进入添加商品分类页面，然后依次点击"添加手工分类"选项卡，为淘宝店铺添加"本店所有商品""首页""新品速递""新款上架""当季热卖""连衣裙""毛针织衫"等分类，如图3-20和图3-21所示。最后，当所有需要的分类都添加后，就可以编辑导航条的相关内容了。

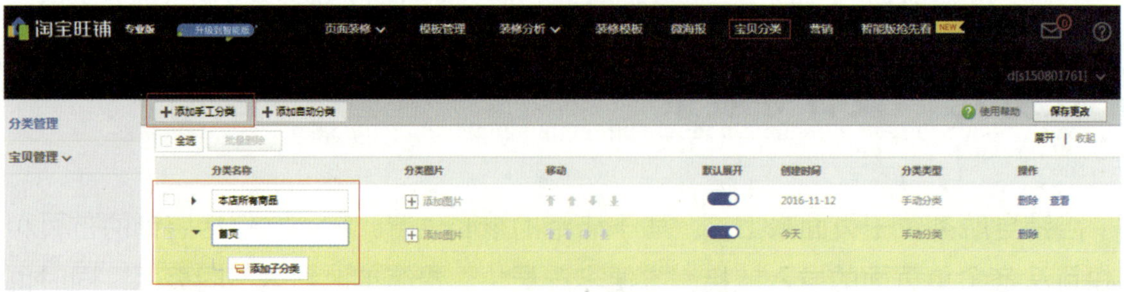

图 3-20

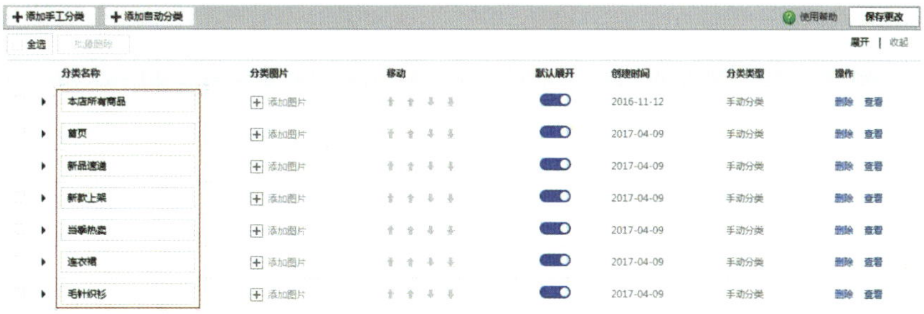

图 3-21

二、自定义导航页面

　　导航条在网页上的意义是：通过导航，用户可以随心所欲地到达任何一个页面。它是网页设计中视觉要素的重要环节，所以导航条的设计一定要一目了然，具有合理性。

自定义导航页面

　　一般情况下，导航条最好出现在计算机屏幕的第一屏上，因为在进行网页设计的时候，将页面向下拖动是唯一可以让网页内容增加的方法，否则就得跳转到下一个页面。因此，最好将导航条设计在第一屏并且是横向摆放的，因为横向摆放比纵向摆放通常更方便用户浏览。

　　即使第一屏非常矮，横向摆放的导航条也可以全部被看到，但是纵向摆放的导航条则不一定全部被看到，因为现在宽屏显示器越来越普及，所以浏览者不会受宽度的影响，但是纵向则存在不确定性因素。要想让浏览者向下拖动屏幕继续浏览，内容上就必须非常具有吸引力，否则浏览者拖动页面一般不会超过三屏。

　　下面讲解如何为淘宝店铺自定义导航条。

　　（1）在卖家中心点击"店铺装修"链接进入店铺装修界面，如图 3-22 所示，一般选择 950 像素的导航条，如图 3-23 所示。

图 3-22

图 3-23

　　（2）导航条的位置可以拖曳，自定义放在店招的上方或者下方，如图 3-24 所示。

图 3-24

75

三、管理导航内容

淘宝网店的导航内容是对整个店铺所要展示的商品信息和店铺信息的总结，首先导航栏目标题与对应的详细页面相符合，避免用户认为信息不一致而产生不信任的后果。当然，标题总结词要精简，注意网站详细内容最好不要以导航的总标题形式出现，可通过细分的下拉菜单，或者以更多形式的子菜单栏出现。

从用户体验度的角度来看：一般情况下，网站导航上的栏目或单页面，是这个网站中最主要的、必不可少的内容，也是卖家除首页外最希望访客进入的一些页面，或想要别人了解的一些信息。

从搜索引擎优化的角度来看，网站的导航位于优化网站中 F 区的最重要部位，是搜索引擎蜘蛛检索最看重、权重较高的一个位置。导航上还布局了针对商品、新闻栏目及各个单页面的导入链接，是搜索引擎引流的最核心部分。

因此，不管是从用户体验度的角度考虑还是从搜索引擎优化的角度考虑，网站的主导航都是一个网站中必不可少的一部分。

下面讲解如何对淘宝店铺的导航内容进行管理。

（1）在导航条位置点击"编辑"按钮进入导航条内容编辑界面，如图 3-25～图 3-27所示。

图 3-25

图 3-26

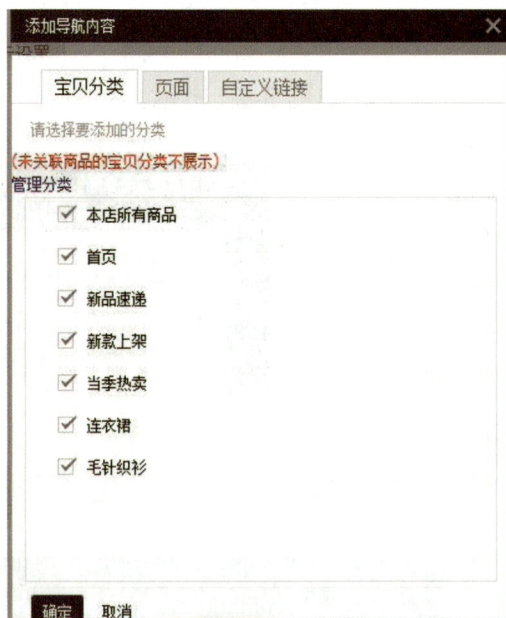

图 3-27

（2）点击"确定"按钮，生成导航条内容类目界面，可以看到导航设置下的所有内容，如发现有重复的内容，可通过点击"删除"按钮删除并调整位置，如图 3-28 ～图 3-30所示。

一个好的导航可以让用户了解其目前所处的位置，以及当前页面在整个网站中的位置，它体现了网站的架构层级，能够帮助用户快速学习和了解网站内容和组织方式，从而形成很好的位置感，并且好的导航能够提供返回各个层级的快速入口，提升用户体验。

图 3-28 图 3-29

图 3-30

四、搜索模块

淘宝店铺的搜索模块可以方便用户通过关键字搜索本店的所有商品，帮助用户简单快速地匹配相关内容，搜索的最终结果会以列表或橱窗的视图呈现。如果没有匹配的结果出现，设计人员还需要鼓励用户重新搜索或更换关键词。

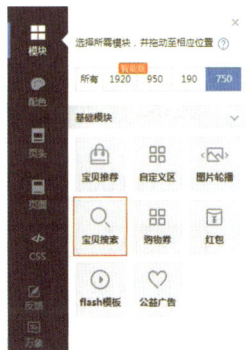

下面讲述如何对淘宝店铺添加搜索模块，如图 3-31 所示。

（1）进入卖家中心的"店铺装修"页面，在装修页面左侧模块尺寸处选择"750"，在基础模块中选择"宝贝搜索"模块，并拖曳到页面右侧的导航条下方，具体操作如图 3-32 所示。

图 3-31

图 3-32

（2）编辑搜索模块的内容时，可以将鼠标停留在搜索模块上，点击右上角的"编辑"按钮，如图 3-33 所示。

图 3-33

（3）进入搜索模块的编辑状态后，给搜索模块添加预设关键字"连衣裙"和推荐关键字"春装""夏装"，如图 3-34 所示。

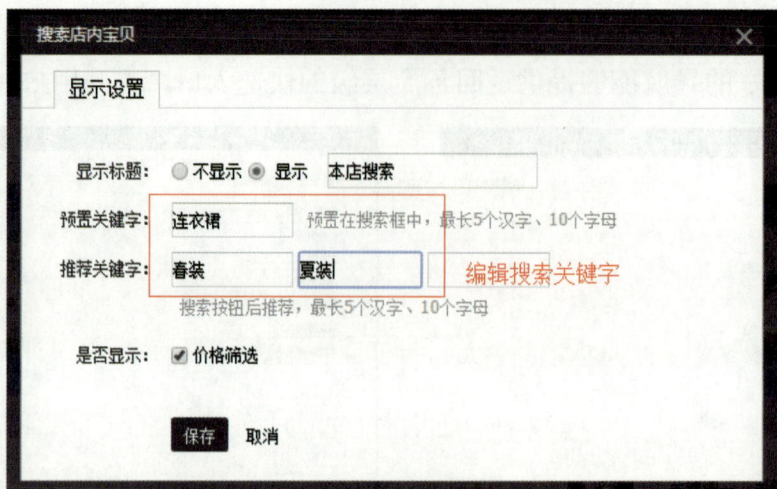

图 3-34

（4）点击"保存"按钮，可以在搜索模块上看到设置好的搜索内容，如图 3-35 所示。

图 3-35

任务实施

为小雅的服装店铺"香榭丽舍"设计导航条。

STEP 01 分析小雅经营的网店的主要商品种类，为该店铺设计实用性强、方便链接到各个商品种类及应用的目录导航。

STEP 02 设置成功后保存设置结果，设置页面链接，浏览店铺效果。

任务评价

每名学生对自己在整个学习过程中的表现进行自评，并请学习小组成员和教师对自己在本任务学习中的表现做出评价，从定性和定量两方面填写评价表，如表 3-3 和表 3-4 所示。

表 3-3 "设计导航条"学习活动学生表现评价量化表

班级：　　　　　　姓名：　　　　　　学号：

序号	评价项目	描述性评价		量化评价			
		具体评价内容	填写具体事实	满分	自评	互评	师评
1	提出问题	①店铺导航条的分类是否合理 ②导航条色彩搭配是否美观 ③导航条的功能是否突出		20			
2	实施操作	能否小组分工合作完成，操作步骤是否衔接妥当		30			

续表

序号	评价项目	描述性评价		量化评价			
		具体评价内容	填写具体事实	满分	自评	互评	师评
3	分析并得出结论	能否根据商品、目标客户人群的喜好把握好色调、样式、统一的版式设计，从而可以较快地找到一个适合自己网店的风格		30			
4	表达和交流	是否具有与他人合作、表达与交流的能力		10			
5	反思，提出新问题	合理化版块排布及整体调色搭配如何执行		10			
等级			总分	100			
评语（教师填写）							

表 3-4　"设计导航条"学习活动学生表现评价权重结果

班级：　　　　　　　　　姓名：　　　　　　　　　学号：

自评（×20%）	小组互评（×50%）	教师评价（×30%）	总评

任务十 | 图片轮播应用

店铺营销首先要做的是店铺广告设计，店铺广告已不仅仅是传达信息的工具，还肩负着诱导购买的重任，广告图片的标题和画面都要有吸引力才能促使消费者去店铺购买商品，并根据网店布局合理分配在各个楼层，进行动态宣传展示，从而成为极佳的吸引用户眼球的工具。

任务目标

为小雅的淘宝店铺设计符合所经营商品（服装）的图片轮播模块。

任务准备

淘宝网店账号一个、多媒体计算机一台。

知识链接

当人们进入一个淘宝店的时候，总能看到豪华大气的广告图片在醒目的地方进行播放，如图 3-36 所示。在店铺中设置这个模块可大大提升该店铺的视觉效果，同时也更好地为自己的商品增加人气，这就是淘宝店铺的图片轮播模块。因为图片轮播效果能够比较直观地展示店铺商品的具体信息，所以通常情况下店铺卖家都喜欢使用这个模块。

图 3-36

下面一起来学习如何使用图片轮播模块功能。

一、图片轮播的作用

（1）展示近期促销信息，勾起客户的购买欲。

（2）展示爆款信息，增加客户的信任度。

（3）展示新商品，为客户下次访问打下基础。

图片轮播中最重要的是图片，所以在图片方面，首先需要注意要顺应时节注重图片的完整性、清晰度、尺寸大小；其次是文案要突出特点，还需要重视排版。

二、图片轮播的应用

淘宝装修一般默认模块系统会自动加载商品信息，作为新手可以不用修改、不用操作，但是图片轮播模块不同，里面的系统信息是默认的官方图片，需要换成自己的商品图片，商品图的链接还要自己加上才完美。下面讲解如何将设计好的两张图片设置为淘宝女装店铺"香榭丽舍"的轮播广告图片。

（1）登录淘宝店铺，进入卖家中心，选择"店铺装修"选项，如图 3-37 所示。

（2）在页面中选择"图片轮播"，添加图片轮播模块，如图 3-38 所示，按住鼠标并拖动到右侧要添加图片插入模块的位置即可。如果想调整图片轮播模块的位置，按住鼠标并拖动该模块移动到另一个位置即可，如图 3-39 所示。如果想删除该图片轮播模块，则直接点击"删除"按钮即可，如图 3-40 所示。

图 3-37   图 3-38

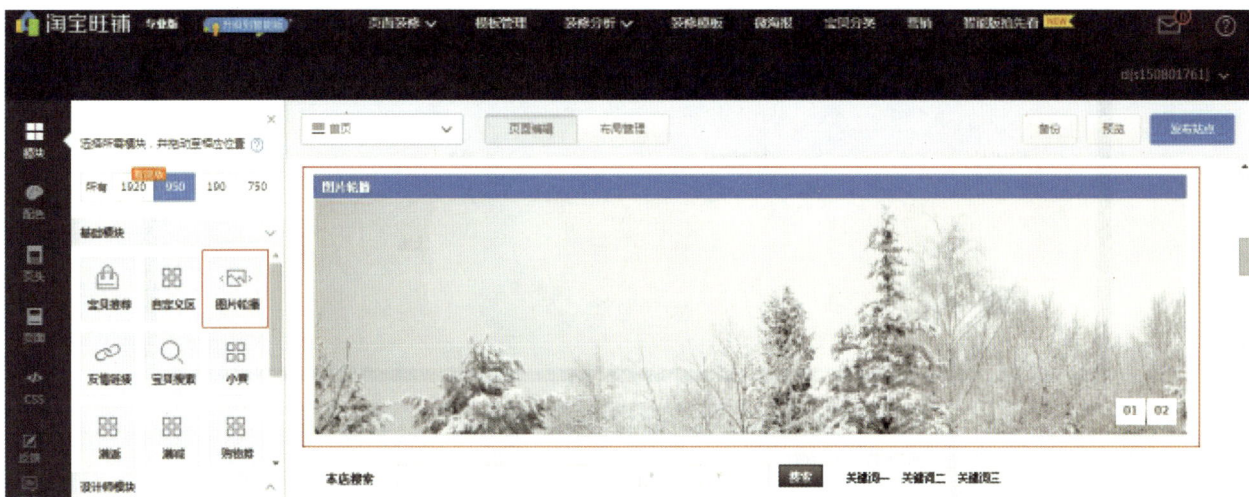

图 3-39

图 3-40

（3）将鼠标指针移动到图片轮播模块，点击"编辑"按钮进入个性化设置轮播图片状态，如图 3-41 所示。

图 3-41

（4）进入编辑状态后，在内容设置界面里给图片轮播模块添加要进行轮播的图片，如图 3-42 所示。

（5）将素材中的两张轮播图片设置完成后点击"保存"按钮，再点击右上角的"发布"按钮就可以看到设置好的轮播图了，如图 3-43 所示。

图 3-42

图 3-43

注 · 意 · 事 · 项

　　尺寸要设计好，图片高度要一致，否则就会显得不协调，750 的模块图片宽度是 750 像素，950 的模块图片宽度是 950 像素。

　　设置完并保存后一定要点击右上角的"发布"按钮才可以成功显示页面。

任务实施

为小雅的服装店铺"香榭丽舍"设计轮播图片。

STEP 01　因为小雅经营的网店"香榭丽舍"的主要商品是女装，这一季推出的主打商品为清新简约款的女装，所以设计的轮播图片也应偏向简约时尚风。

打开 Photoshop，新建一个文档，命名为"图片轮播 1"，宽度为 750 像素，高度为 250 像素，颜色模式为 RGB，背景颜色为白色。

STEP 02　新建图层并重命名为"植物素材 1"后，将素材图像粘贴到该图层，同理将点缀图片"植物素材 2"和文字"春季新品"添加到素材图像上，调整其大小和位置，如图 3-44 所示。

图 3-44

STEP 03　使用文字工具为图片添加文字"自然 舒适 简约 大方"，字体为楷体，颜色为黑色，字号为 20，浑厚，并调整位置，如图 3-45 所示。

图 3-45

STEP 04　使用文字工具为图片添加店铺名称"香榭丽舍"，字体为华文彩云，字号为 36，颜色值为 #5ac1a5，浑厚，并调整位置，如图 3-46 所示。

图 3-46

请用同样的方法，尝试设计另外一款轮播图片。

任务评价

每名学生对自己在整个学习过程中的表现进行自评，并请学习小组成员和教师对自己在本任务学习中的表现做出评价，从定性和定量两方面填写评价表，如表 3–5 和表 3–6 所示。

表 3-5 "图片轮播应用"学习活动学生表现评价量化表

班级：　　　　　　　　　姓名：　　　　　　　　　学号：

序号	评价项目	描述性评价		量化评价			
		具体评价内容	填写具体事实	满分	自评	互评	师评
1	提出问题	① 店铺的图片轮播模块属于哪种风格 ② 轮播图片的色彩搭配是否吸引眼球 ③ 轮播图片是否设置成功		20			
2	设计实施方案	能否自行设计合理的方案实施步骤		20			
3	实施操作	能否小组分工合作完成，操作步骤是否衔接妥当		20			
4	分析并得出结论	能否根据商品、目标客户人群的喜好把握好色调、样式、统一的版式设计，从而可以较快地找到一个适合自己网店的风格		20			
5	表达和交流	是否具有与他人合作、表达与交流的能力		10			
6	反思，提出新问题	合理化版块排布及整体调色搭配如何执行		10			
	等级		总分	100			
评语（教师填写）							

表 3-6 "图片轮播应用"学习活动学生表现评价权重结果

班级：　　　　　　　　　姓名：　　　　　　　　　学号：

自评（×20%）	小组互评（×50%）	教师评价（×30%）	总　　评

任务十一 | 布局页脚模块

模块间的相互组合就像是语法中的主谓宾一样。前面的模块是整个商品描述最主要的组成部分，页脚模块则用于修饰，让商品看上去更加诱人，给人更多的购买理由。

任务目标

为小雅的淘宝店铺设计页脚模块，完善整个详情页面。

任务准备

淘宝网店账号一个、计算机一台。

知识链接

页脚模块属于交易说明类，力求打消消费者的购买顾虑，提供消费保障，展示公司实力，处理可能发生的意外，在购买、付款、收货、验货、退换货、保修等环节完善用户体验，缓解客服的压力。

一、价格说明

淘宝网商品的商品详情页底部显示的"价格说明"模块为系统配置显示，不是商家自己设置的，商家也无法手动取消，但商品快照里不显示该模块，如图 3-47 所示。

价格说明

划线价格
指商品的专柜价、吊牌价、正品零售价、厂商指导价或该商品的曾经展示过的销售价等，**并非原价**，仅供参考。

未划线价格
指商品的**实时标价**，不因表述的差异改变性质。具体成交价格根据商品参加活动，或会员使用优惠券、积分等发生变化，最终以订单结算页价格为准。

商品详情页（含主图）以图片或文字形式标注的一口价、促销价、优惠价等价格可能是在使用优惠券、满减或特定优惠活动和时段等情形下的价格，具体请以结算页面的标价、优惠条件或活动规则为准。

此说明仅当出现价格比较时有效，具体请参见《淘宝价格发布规范》。若商家单独对划线价格进行说明的，以商家的表述为准。

图 3-47

二、售后服务

整体商品包括核心商品、有形商品和延伸商品，售后服务属于延伸商品，应该出现在详情页面。对比传统的售后模块，现在多用图进行说明，可减少文字的部分，如图 3-48 和图 3-49 所示。

1. 客服部分

网店客服的分工已经达到相当细致的程度，有通过 IM 聊天工具或电话解答买家问题的客服；有专门的导购客服，可帮助买家更好地挑选商品；有专门的投诉客服；还有专门帮店主打包的客服，等等。

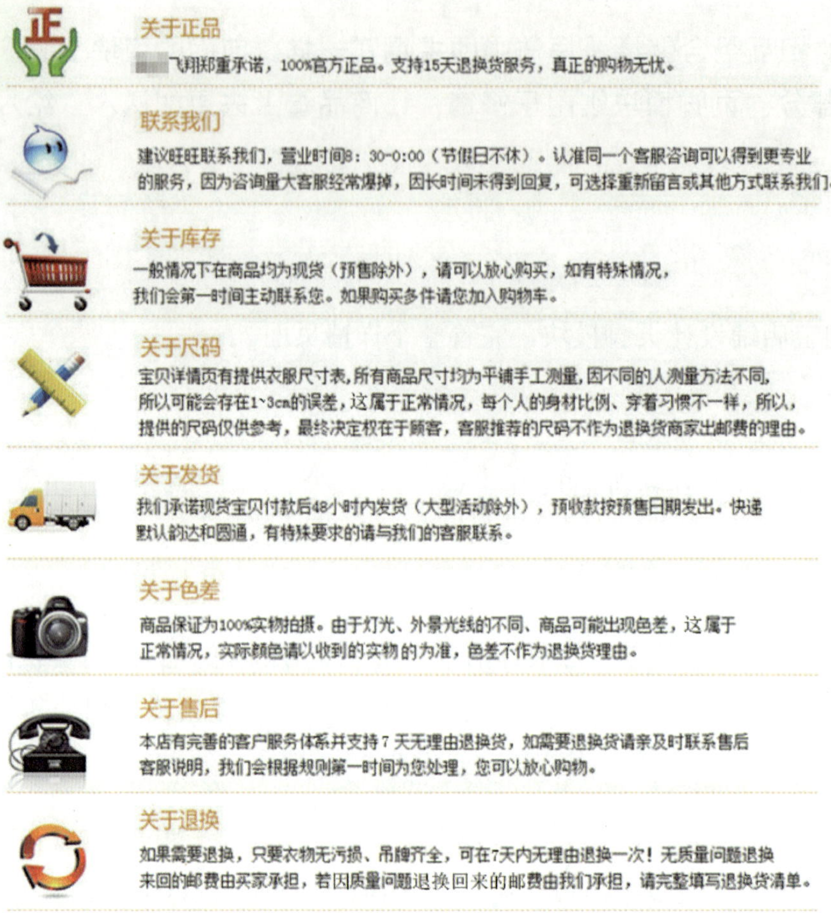
关于正品
飞翔郑重承诺，100%官方正品。支持15天退换货服务，真正的购物无忧。
联系我们
建议旺旺联系我们，营业时间8：30-0:00（节假日不休）。认准同一个客服咨询可以得到更专业的服务，因为咨询量大客服经常爆掉，因长时间未得到回复，可选择重新留言或其他方式联系我们。
关于库存
一般情况下在商品均为现货（预售除外），请可以放心购买，如有特殊情况，我们会第一时间主动联系您。如果购买多件请您加入购物车。
关于尺码
宝贝详情页有提供衣服尺寸表，所有商品尺寸均为平铺手工测量，因不同的人测量方法不同，所以可能会存在1~3cm的误差，这属于正常情况，每个人的身材比例、穿着习惯不一样，所以，提供的尺码仅供参考，最终决定权在于顾客，客服推荐的尺码不作为退换货商家出邮费的理由。
关于发货
我们承诺现货宝贝付款后48小时内发货（大型活动除外），预收款按预售日期发出。快递默认韵达和圆通，有特殊要求的请与我们的客服联系。
关于色差
商品保证为100%实物拍摄。由于灯光、外景光线的不同、商品可能出现色差，这属于正常情况，实际颜色请以收到的实物的为准，色差不作为退换货理由。
关于售后
本店有完善的客户服务体系并支持 7 天无理由退换货，如需要退换货请亲及时联系售后客服说明，我们会根据规则第一时间为您处理，您可以放心购物。
关于退换
如果需要退换，只要衣物无污损、吊牌齐全，可在7天内无理由退换一次！无质量问题退换来回的邮费由买家承担，若因质量问题退换回来的邮费由我们承担，请完整填写退换货清单。

图 3-48

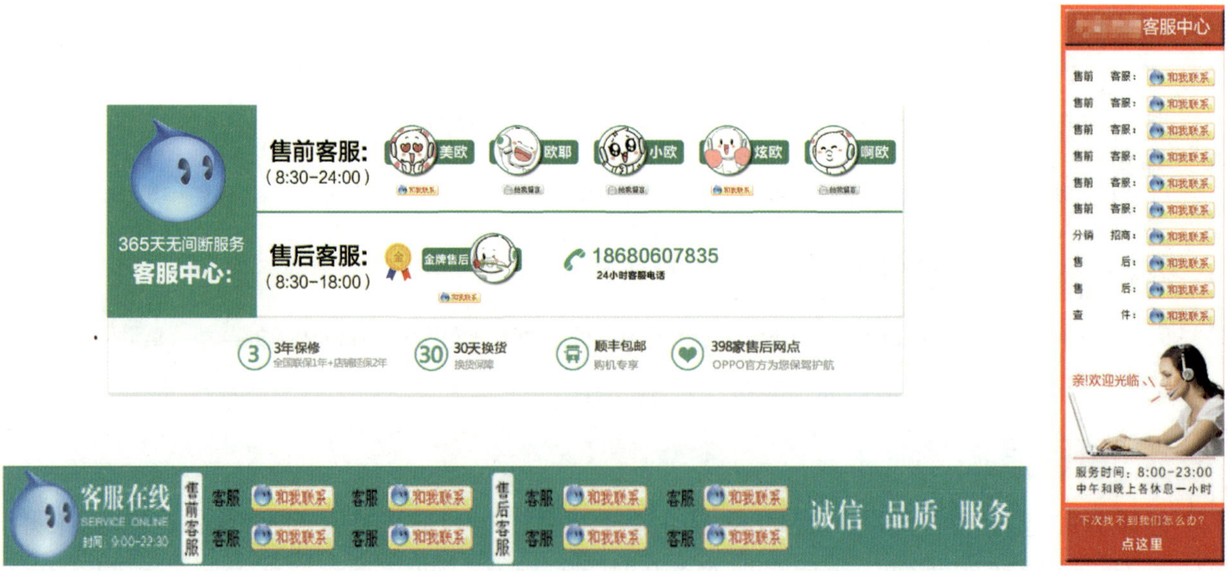
365天无间断服务
客服中心:
售前客服:
(8:30-24:00)
美欧
欧耶
小欧
炫欧
啊欧
售后客服:
(8:30-18:00)
金牌售后
18680607835
24小时客服电话
3年保修
全国联保1年+店铺延保2年
30天换货
换货保障
顺丰包邮
购机专享
398家售后网点
OPPO官方为您保驾护航
客服中心
售前 客服：和我联系
售前 客服：和我联系
售前 客服：和我联系
售前 客服：和我联系
售前 客服：和我联系
售前 客服：和我联系
分销 招商：和我联系
售 后：和我联系
售 后：和我联系
查 件：和我联系
亲!欢迎光临
服务时间：8:00-23:00
中午和晚上各休息一小时
下次找不到我们怎么办?
点这里
客服在线
SERVICE ONLINE
售前客服
客服 和我联系
客服 和我联系
售后客服
客服 和我联系
客服 和我联系
诚信 品质 服务

图 3-49

2. 退换货问题

现在各行业的竞争愈演愈烈，“顾客是上帝”这句话已经成为宗旨，只要买家不高兴，什么奇葩的退货理由都会出现。商家必须事先确定好有关买家退货换货的标准才行，否则买家容易对店铺产生不信任感。根据服饰类、食品类、电器类商品的特点，商家应该在详情页面把风险规避掉，详细描述退换货的流程、时间限制等，如图 3-50 所示。

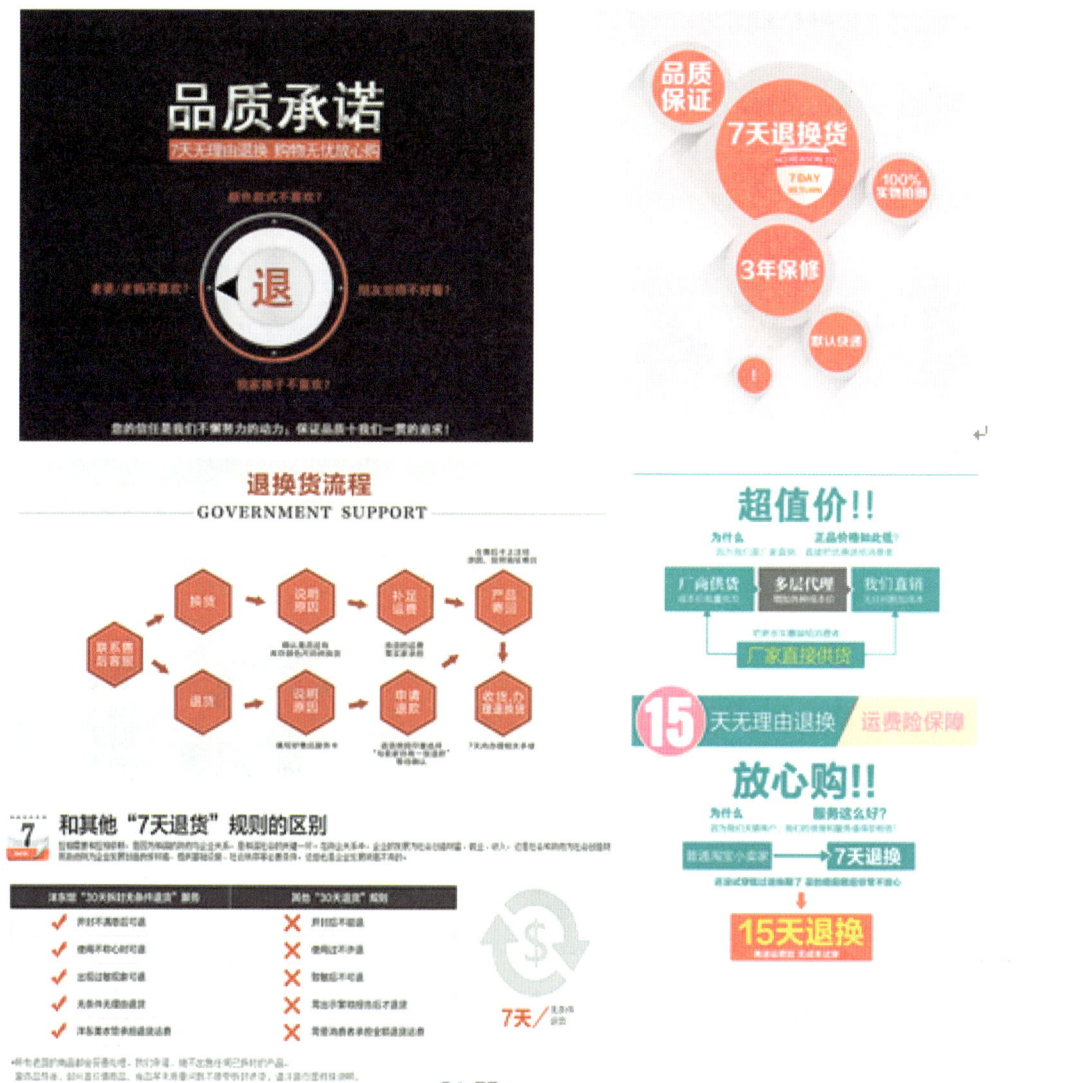

图 3-50

3. 运费险说明

为解决退货过程中买卖双方就运费支出方面的纠纷，买家在拍下商品时提供退货运费险让用户进行选择购买。当发生退货时，卖家同意退货申请，达成退货协议，等待买家退货，买家填写退货时的物流信息，等交易结束后 72 小时内，保险公司将按约定对买家的退货运费进行赔付。通过页脚对运费险进行说明，可以提升买家对卖家信任度，如图 3-51 所示。

4. 外部链接

很多店铺为了增强消费者的购买信心，常在页脚加入线下的资源图片，如图 3-52 所示。例如，实体店的分布和流水线的图片，也可以添加官方微信微博，有助于做好客户关系管理。

图 3-51

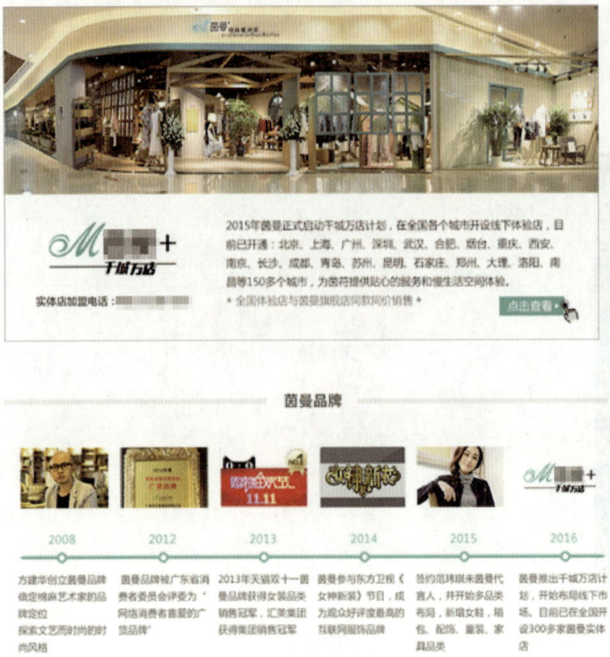
2015年茵曼正式启动千城万店计划，在全国各个城市开设线下体验店，目前已开通：北京、上海、广州、深圳、武汉、合肥、烟台、重庆、西安、南京、长沙、成都、青岛、苏州、昆明、石家庄、郑州、大理、洛阳、南昌等150多个城市，为茵符提供贴心的服务和慢生活空间体验。
* 全国体验店与茵曼旗舰店同款同价销售 *
实体店加盟电话：
点击查看
千城万店
茵曼品牌
2008
2012
2013
2014
2015
2016
方建华创立茵曼品牌确定棉麻艺术家的品牌定位探索文艺而时尚的时尚风格
茵曼品牌被广东省消费者委员会评委为"网络消费者喜爱的广货品牌"
2013年天猫双十一茵曼品牌获得女装品类销售冠军，汇美集团获得集团销售冠军
茵曼参与东方卫视《女神新装》节目，成为观众好评度最高的互联网服饰品牌
签约范玮琪未茵曼代言人，并开始多品类布局，新增女鞋，箱包、配饰、童装、家具品类
茵曼推出千城万店计划，开始布局线下市场。目前已在全国开设300多家茵曼实体店

（1）

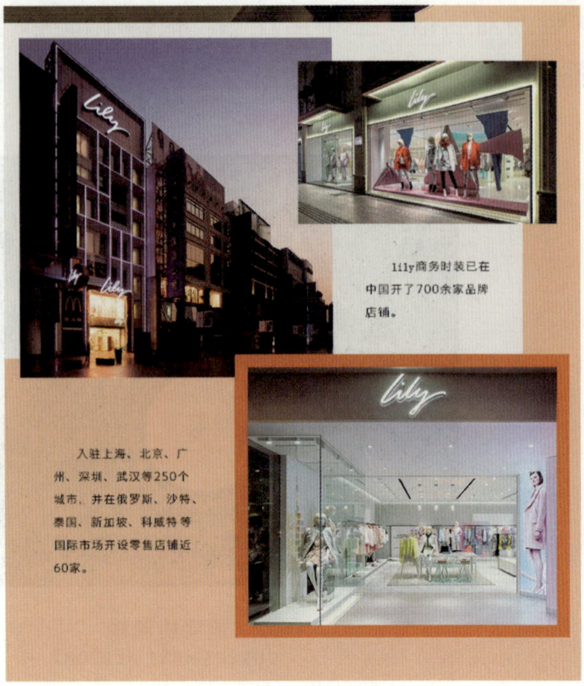
lily
lily商务时装已在中国开了700余家品牌店铺。
入驻上海、北京、广州、深圳、武汉等250个城市，并在俄罗斯、沙特、泰国、新加坡、科威特等国际市场开设零售店铺近60家。

（2）

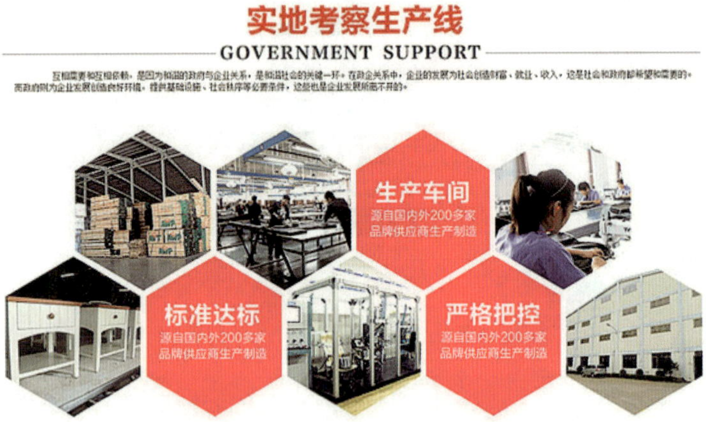
实地考察生产线
GOVERNMENT SUPPORT
生产车间
源自国内外200多家品牌供应商生产制造
标准达标
源自国内外200多家品牌供应商生产制造
严格把控
源自国内外200多家品牌供应商生产制造

（3）

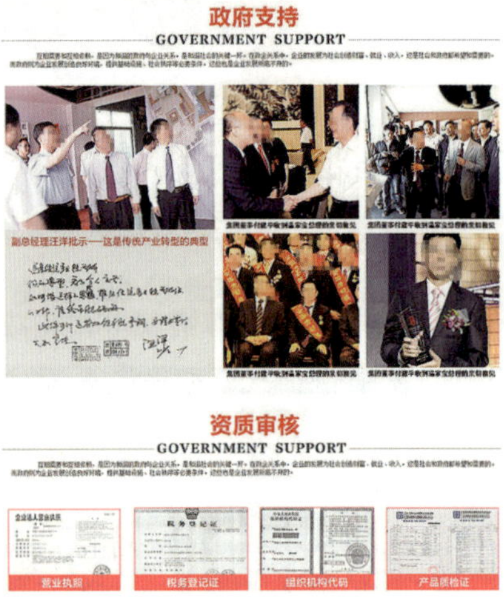
政府支持
GOVERNMENT SUPPORT
资质审核
GOVERNMENT SUPPORT
营业执照
税务登记证
组织机构代码
产品质检证

（4）

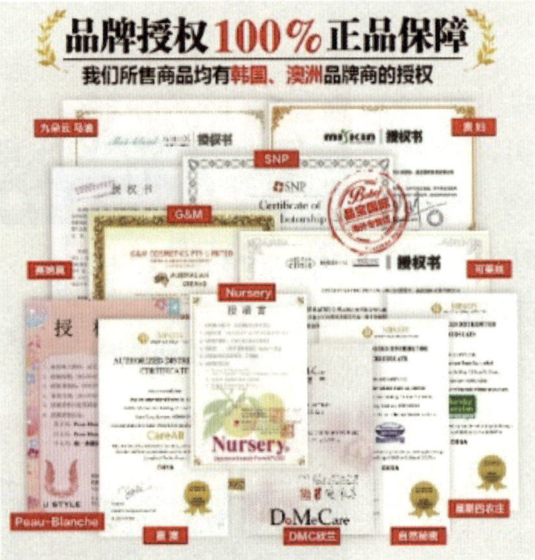
品牌授权100%正品保障
我们所售商品均有韩国、澳洲品牌商的授权
九朵云 马油
SNP
G&M
Nursery
Peau-Blanche
DMC欣兰
自然秘密
星期四农庄
可莱丝
贵妇

（5）

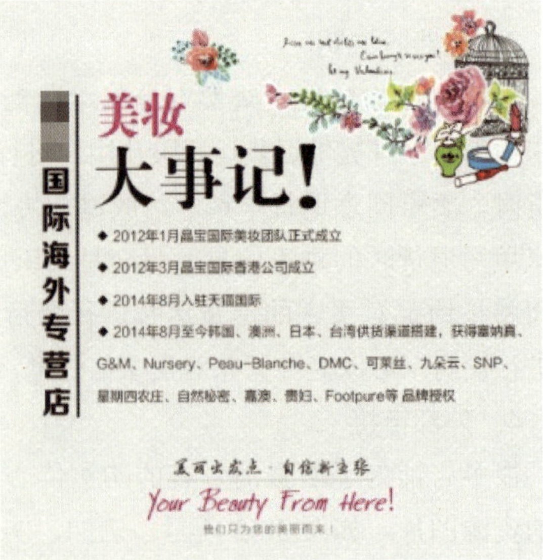
国际海外专营店
美妆
大事记!
◆ 2012年1月晶宝国际美妆团队正式成立
◆ 2012年3月晶宝国际香港公司成立
◆ 2014年8月入驻天猫国际
◆ 2014年8月至今韩国、澳洲、日本、台湾供货渠道搭建，获得嘉纳真、G&M、Nursery、Peau-Blanche、DMC、可莱丝、九朵云、SNP、星期四农庄、自然秘密、嘉澳、贵妇、Footpure等 品牌授权
美丽出发点 · 自信新主张
Your Beauty From Here!
我们只为您的美丽而来！

（6）

图 3-52

任务实施

为小雅的服装店铺详情页编辑页脚。

STEP 01　参考模板给店铺风格设计一个通用的页脚模板。

分 析

根据流行女装的页面风格设计页脚，通过表 3-7 表述你的设计思路。

表 3-7　设计思路

内　容	客服部分	
	退换货问题	
	运费险说明	
	外部链接	
颜　色		根据对小雅的商品的特点分析为她挑选的主色调是黑色和白色，辅助色是灰色和红色

STEP 02　参考前面的图例，根据设计思路制作 4 张图片：客服部分、退换货问题、运费险说明、外部链接。设计时注意该版块的通用性，尺寸与详情页面的设计要统一（宽度为 750 像素）。

STEP 03　设计页脚模块的布局，并将步骤 2 的图片进行拼接。

STEP 04　保存好图片，留做后面制作详情页面使用。

任务评价

每名学生对自己在整个学习过程中的表现进行自评，并请学习小组成员和教师对自己在本任务学习中的表现做出评价，从定性和定量两方面填写评价表，如表 3-8 和表 3-9 所示。

表 3-8　"布局页脚模块"学习活动学生表现评价量化表

班级：　　　　　　　　　姓名：　　　　　　　　　学号：

序号	评价项目	描述性评价		量化评价			
		具体评价内容	填写具体事实	满分	自评	互评	师评
1	提出问题	① 设计风格与商品目标人群定位是否合理 ② 主色调和辅助色选择是否合理 ③ 对比色是否突出商品 ④ 版式结构是否合理		20			
2	设计实施方案	能否自行设计合理的方案实施步骤		20			
3	实施操作	能否小组分工合作完成，操作步骤是否衔接妥当		20			

续表

序号	评价项目	描述性评价		量化评价			
		具体评价内容	填写具体事实	满分	自评	互评	师评
4	分析并得出结论	能否根据商品、目标客户人群的喜好把握好色调、样式、统一的版式设计，从而可以较快地找到一个适合自己网店的风格		20			
5	表达和交流	是否具有与他人合作、表达与交流的能力		10			
6	反思，提出新问题	合理化版块排布及整体调色搭配如何执行		10			
	等级		总分	100			
评语（教师填写）							

表 3-9 "布局页脚模块"学习活动学生表现评价权重结果

班级：　　　　　　　　姓名：　　　　　　　　学号：

自评（×20%）	小组互评（×50%）	教师评价（×30%）	总评

📷 项目实训

实训 01　请根据小雅网店"香榭丽舍"的风格制作一个适合的店招。

实训 02　根据小雅网店的风格制作一个包含分类（有下拉菜单）、促销、新品、换季的导航菜单。

实训 03　选择小雅的 3 个商品，制作 950 像素×230 像素的 3 个广告图（样式参考图 3-46），并将 3 个广告图应用于轮播模块中，设置无标题、横向滚动。

实训 04　某女鞋店铺想为自己详情页面的页脚进行改版，改版前原图如图 3-53 所示，请根据现在流行的设计理念为该店铺进行改版，并增加退换货和运费险的内容，并尽量使用图表的模式，如图 3-54 所示。

图 3-53

注意事项

细微瑕疵	轻微瑕疵与色许胶味，完全不影响穿着，不属于我们保修范围以内
关于色差	光线不同的显示屏都会影响色差问题，本店所有商品照片均为实拍
鞋身气味	鞋子直接从仓库出货，化学物未很好的发挥取发，有气味是正常范围，不属于鞋子质量问题
尺码选择	常视鞋宽故照平时的尺码选择即可，特殊尺码我们会说明，个人脚型不同，不能保证每位客人都完全合适

保养须知

保持通风　　少接触水　　切勿暴晒　　小心油渍　　勿碰硬物

图 3-54

教学微视频

項目四

网店广告设计

项目背景

　　小雅的淘宝服装店顺利完成了注册、店铺装修、商品上传。现在，她想通过投放广告的方式来提高店铺的访问量。通过学习她知道，既可以在淘宝网站内做广告，也可以在淘宝站外做一些广告投放。这是两种相似而又不同的广告投放方式，淘宝网站内的广告位置有什么不同？经常听到的"直通车"也是广告吗？站外广告投放又应该在什么网站呢？

学习目标

1. 能针对所经营的商品特色进行站内广告的设计。
2. 能够选择适合的外部平台进行广告的投放。
3. 提高学生对美的感知、判断、创意表达和理解等美工岗位核心素养。

学习任务

任务十二　站内广告设计

任务十三　站外广告投放

教学微视频

任务十二 | 站内广告设计

店铺的广告风格与其经营的商品定位必须一致，它体现着店铺独特的格调。色彩的搭配要符合整个店铺的主题，广告语要结合店铺的品牌文化及形象进行设计，以便于顾客记忆，并能让消费者产生购买冲动。

任务目标

为小雅的淘宝店铺设计符合要求的店铺广告，注意整体的色彩搭配。

任务准备

淘宝网店账号一个、计算机一台。

知识链接

一、店内首屏广告海报

店内海报分为首屏海报（大海报）和广告图片（小海报），展示位置如图 4-1 和图 4-2 所示。

首屏海报

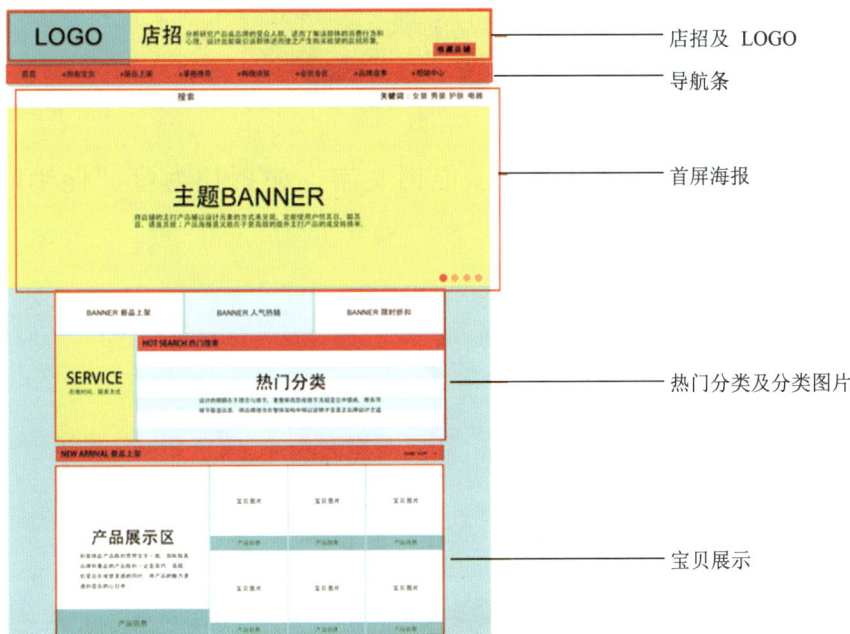

图 4-1

1. 首屏海报（大海报）

首屏海报即店招下面的大海报，制作时可以从下面 3 个方面进行考虑。

（1）体现店铺的整体风格，突出店铺的品牌，直接反映目标客户的特征，如购买年龄、消费水平、职业等，如图 4-3 所示。

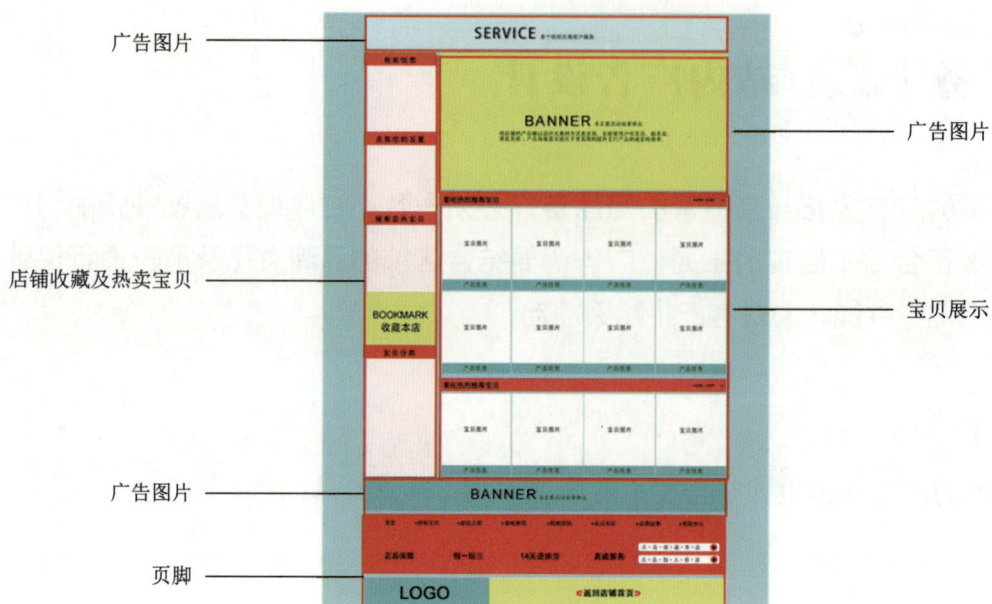

图 4-2

图 4-3

（2）展示促销活动，即要突出显示促销文字，如折扣力度、促销时间等，如图 4-4 所示。

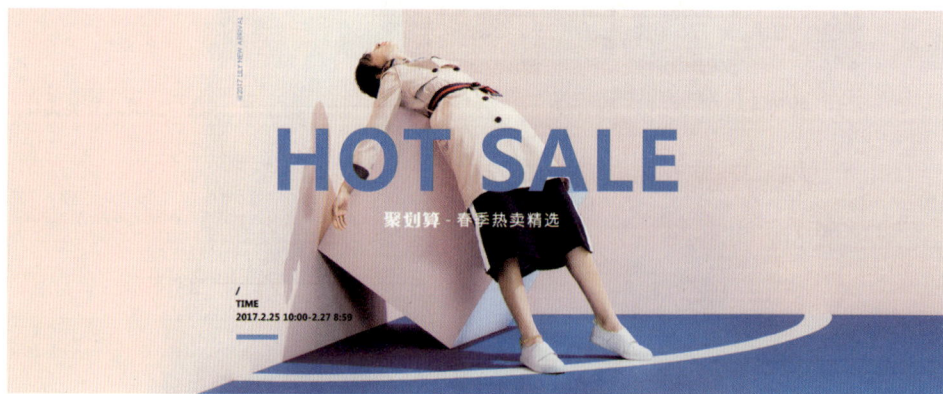

图 4-4

（3）单品展示。展示新品的特点，有利于吸引眼球，如图 4-5 所示。

2．广告图片（小海报）

与首屏海报风格大致相同的广告图片设计是很有必要的，如果店铺只有首屏海报，而没有广告图片的话，店铺看上去会显得单调，广告图片会使整个店铺首页内容更加丰富多彩。

图 4-5

（1）设计要符合店铺的整体风格，如图 4-6 所示。

图 4-6

（2）多元化的商品展示，按照商品分类构图，如图 4-7 所示。

图 4-7

二、淘宝推广广告海报

1. 直通车（800 像素 ×800 像素）

淘宝直通车是按点击量付费的效果营销工具，可为卖家实现商品的精准推广。直通车点击率的高低，与推广图有至关重要的关系。在淘宝上，直通车推广图一般存在四大误区：①形状不规范；②色彩、色调不协调；③主商品不突出，背景混乱，充斥着大量杂乱的促销词；④图片不清晰。那么如何制作出一张能获得高点击率的推广图呢？以下几种构图方法可供参考。

（1）均衡式构图，可以给人宁静和平稳的感觉，又可避免呆板无生气，是设计师经常使用的构图方法，如图4-8所示。小的物体可以与大的物体均衡，远的物体可以与近的物体均衡。

图 4-8

（2）对称式构图，具有平衡、稳定、相呼应的特点。其缺点是：呆板、缺少变化，如图4-9所示。

（3）变化式构图，又称留白式构图。它将商品故意安排在某一角或某一边，留出大部分空白画面，画面上的空白是组织画面上各对象相互关系的纽带，如图4-10所示。空白在画面上的作用是能帮助作者表达感情色彩，给人以思考和想象的空间，并留下进一步判断的余地，富有韵味和情趣。

图 4-9

图 4-10

（4）对角线构图，是将主体安排在对角线上，利用画面对角线来统一画面元素，如图 4-11 所示。X 形构图是对角线构图的复杂版，又称放射线构图。它通过将视觉焦点放置在画面的最中央位置，让每条放射线的中点都位于视觉焦点之上。

（5）紧凑式构图，是将主体以特写的形式加以放大，使其局部布满画面，具有紧凑、细腻、微观等特点，如图 4-12 所示。

图 4-11

图 4-12

2. 超级钻展

超级钻展是以实时竞价为核心的全网竞价商品，投放步骤如图 4-13 所示，是高效的跨媒体流量中心，可导入更多优质的全网流量，每个流量都被明码标价。

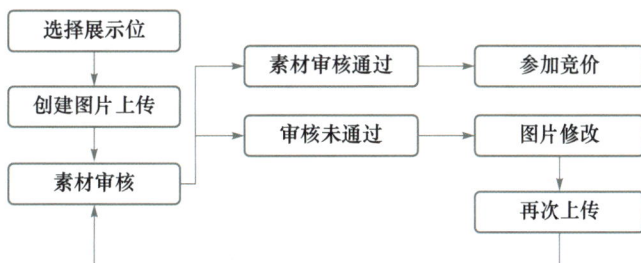
图 4-13

超级钻展投放位置与图例如表 4-1 所示。

表 4-1　超级钻展投放位置与图例

位　　置	图　　例
淘宝首页（焦点图，二、三、四屏小图，270 像素 ×90 像素）	

续表

位　　置	图　　例
淘宝首页（一屏右侧小图，180 像素 × 95 像素）	
淘宝底部（通栏小图）	
个人收藏夹（底部小图，198 像素 × 110 像素）	
女装类目首页（右侧小图，510 像素 × 250 像素）	

（1）内容要素一看就懂。

为了令主题突出，可以在商品广告图片上搭配品牌 LOGO 和促销软文，并直接链接到店铺首页或页面入口，如图 4-14 和图 4-15 所示。

图 4-14

图 4-15

（2）视觉表达一见就爱。

视觉表达是个很抽象的概念，视觉表达商业化后，对照片拍摄的版式布局、色彩搭配、材料质感、光影立体、创意意境都要符合商品目标客户的审美提出了要求。视觉表达层次图，如图 4-16 所示。

图 4-16

每个商家即使面对的是相同的商品，它们的表现手法也不相同，请根据图 4-16 中的 5 个方面探讨一下如图 4-17 所示内容的优点和缺点。

图 4-17

三、场景应用广告海报

1. 馈赠型广告（赠券 / 赠品 / 免费试用广告）（见图 4-18）

图 4-18

2. 商品介绍型广告（见图 4-19）

图 4-19

3. 品类促销广告（见图4-20）

图 4-20

4. 节日优惠促销广告（见图4-21）

图 4-21

任务实施

为小雅的服装店铺制作全屏轮播海报。

STEP 01　为小雅经营的网店设计海报。

分析

　　针对客户群设计 3 幅广告，包括新品推荐广告、换季促销广告、节日预热广告，参考图 4-22。

图 4-22

STEP 02　　进入卖家中心后台，再进入"店铺装修"页面后点击"首页"菜单，在"店招及目录"下面的模块上执行"添加模块"|"自定义内容区"|"添加"命令，如图 4-23 所示。

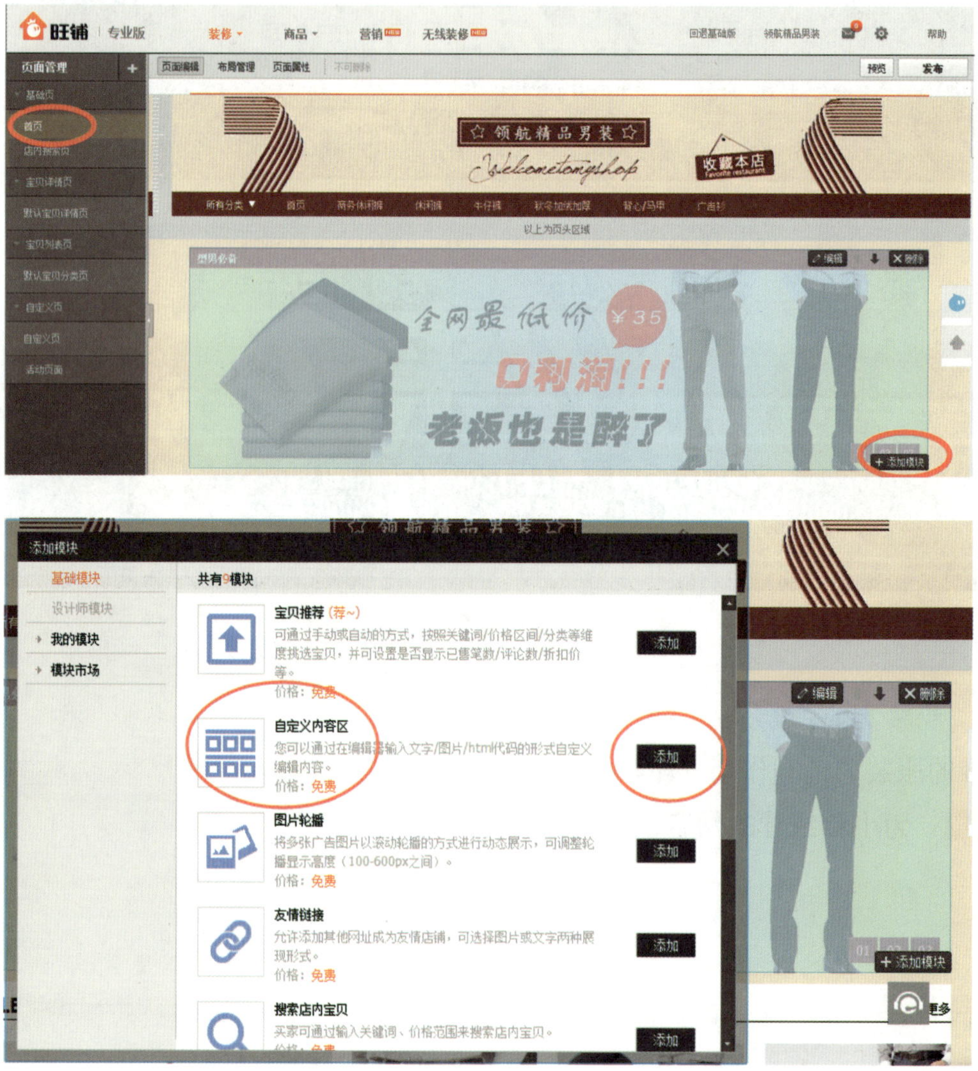

图 4-23

STEP 03 "编辑"自定义内容区，制作淘宝全屏轮播海报，标题选择为"不显示"，点击"代码"按钮📱插入代码，如图 4-24 所示。

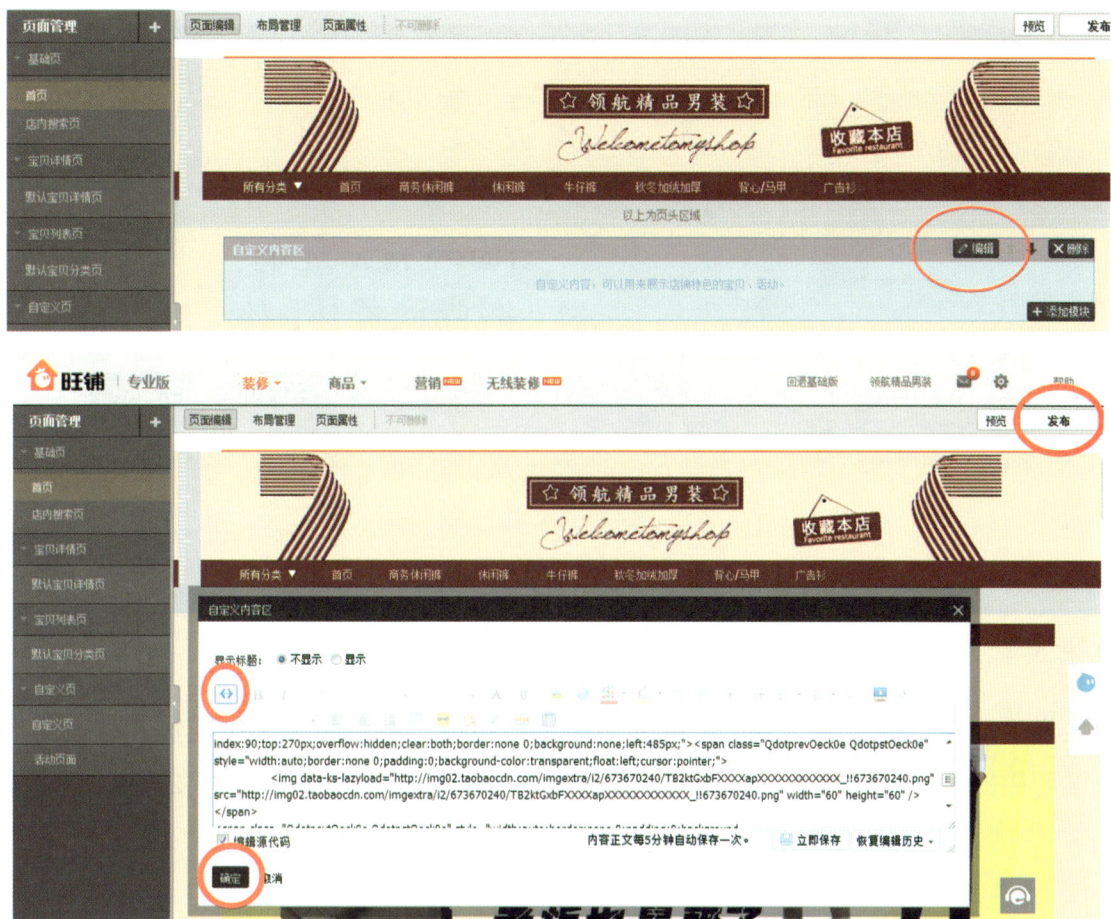

图 4-24

STEP 04 复制所生成的代码，进入"店铺装修"页面，将代码粘贴至自定义内容区的代码编辑框，然后点击"页面编辑"页面右上角的"发布"按钮，全屏轮播海报制作完毕，如图 4-25 和图 4-26 所示。

图 4-25

图 4-26

STEP 05 尝试投放直通车、钻石展位广告（模拟操作过程即可）。

☂ 任务评价

每名学生对自己在整个学习过程中的表现进行自评，并请学习小组成员和教师对自己在本任务学习中的表现做出评价，从定性和定量两方面填写评价表，如表 4-2 和表 4-3 所示。

表 4-2 "站内广告设计"学习活动学生表现评价量化表

班级： 姓名： 学号：

序号	评价项目	描述性评价		量化评价			
		具体评价内容	填写具体事实	满分	自评	互评	师评
1	提出问题	① 广告风格与商品目标人群定位是否合理 ② 主色调和辅助色选择是否合理 ③ 广告内容是否突出商品 ④ 版式结构是否合理		20			
2	设计实施方案	能否自行设计合理的方案实施步骤		20			
3	实施操作	能否小组分工合作完成，操作步骤是否衔接妥当		30			
4	分析并得出结论	能否根据商品、目标客户人群的喜好把握好色调、样式、统一的版式设计，从而提高点击率和转化率		20			
5	反思，提出新问题	合理化版块排布及整体调色搭配如何执行		10			
	等级		总分	100			
评语（教师填写）							

表4-3 "站内广告设计"学习活动学生表现评价权重结果

班级： 姓名： 学号：

自评（×20%）	小组互评（×50%）	教师评价（×30%）	总　评

任务十三 ┃ 站外广告投放

> 流量对于淘宝网店至关重要，要提高网店流量就要做好营销推广，要想做好营销推广，则需要事先缜密规划，形成自己的推广思路，并且在每个营销阶段做到充分聚焦，将每个推广利器用到极致，由点及面逐步建立起自己的营销推广体系。淘宝站内推广方法很多，站外免费推广也不容忽视，做得好的站外推广能给网店带来更多流量。

任务目标

为小雅的淘宝店铺设计符合所经营服装商品的店铺外部广告，并完成站外广告投放。

任务准备

淘宝网店账号一个、计算机一台。

知识链接

一、站外投放

淘宝直通车外投（站外投放）是淘宝站内推广资源的拓展和补充。为更好地满足客户需求，淘宝直通车联合多家外部优质合作网站，将潜在买家流量引入到"淘客搜索"页面和"热卖淘宝"页面，所有参与直通车外投的商品都将有机会在这两个页面进行展现。

二、站外投放展示形式

淘宝直通车利用图片 Banner、文字链接、搜索关键词、频道合作等多种推广资源，将潜在买家吸引到淘客搜索页面和热卖淘宝页面。在这两个页面中，参与直通车外投推广的商品位置排序取决于其关键词、出价和质量。

站外投放
方式

三、淘宝站外推广的方式

淘宝站外推广的方式有如下5种。

1. 返利网站

返利网站，即网站与商家达成协议，凡是买家通过合作平台前往商家成功购买商品的，商家根据购买金额支付给合作平台一定的费用。目前，返利网站的主要合作形式为 CPS 盈利模式。

【举例】返利网、返利优惠网购、易购网等。

【评价】现在的返利平台质量参差不齐，建议尽量考虑有实力、有信誉的大平台，以确保自身权益。

以返利网为例，下面介绍返利网站的渠道，主要有以下几种。

- 返利商城：购物即享返利，返利商城几乎涵盖所有知名电商，包括天猫、淘宝、京东、苏宁易购、携程、一号店、亚马逊、聚美优品等 400 多家电商网站。
- 超级返：精选知名品牌特卖，每日 10 点和 20 点上新，最高返利 81%，确保正品、确保特价、限量抢购，如图 4-27 所示。

图 4-27

- 9 块 9：每日 9 点上新，全场包邮，全网抄底。
- 返利卡：使用中信返利联名信用卡（返利 F 卡）在线下消费可以获得 1% 起的现金返利，返利范围覆盖千万家银联商户。

2. 社交网站

社交网站，即卖家以个人关系网络为核心展开的关系营销，重点在于建立新关系、巩固老关系，以促进其业务的发展。

【举例】微博、微信、贴吧、人人网。

【评价】拥有庞大的用户群和流量，但一直没有寻找到合适的推广方式。大部分无法做到精准地到达营销，后期转化效果常是未知数。

3. 导购类网站

导购类网站，即指导对网上购物不熟悉的消费者，或是把各大电商网站进行对比后，挑选出性价比高的商品导购网站。

【举例】蘑菇街、美丽说、口袋购物。

【评价】站外推广的质量和用户精准性均较高，是网购交易的上游环节。相对于站内推广，其营销成本与技术门槛都很低，已成为卖家新宠。

"蘑菇街"装修尺寸如下。

店招：宽 1920 像素，高 150 像素；首页：宽 1920 像素，高度不限；详情页：宽 720 像素，高度不限；分类图片：宽 195 像素，高度不限。

"美丽说"装修尺寸如下。

店招：宽 1920 像素，高 150 像素。

4. 团购网站

团购网站，即借助互联网的力量来聚集流量和资金，加大网站与商家的谈判能力，以求得最优的价格和单独购买时得不到的服务。目前，团购网站的主要合作形式为 CPS 盈利模式。

【举例】大众点评、美团、唯品会。

【评价】售卖坑位的形式，对库存较多的商家来说则是不错的出货渠道。

唯品会装修尺寸如下。

首页：宽 1920 像素，高度不限；主图：宽 1100 像素，高 1390 像素；详情页：宽 990 像素，高度不限。

5.广告联盟

广告联盟，指集合众多网络媒体资源组成联盟，通过联盟平台帮助广告主实现广告投放，并进行广告投放的数据检测统计。

【举例】阿里妈妈、百度联盟。

【评价】目前，市场上做广告联盟的公司很多，主流媒体都能覆盖，但质量参差不齐，后期效果监测也难以保障，适合有一定技术背景的商家。

阿里妈妈常用广告位尺寸如下。

横幅广告：760 像素 ×90 像素、468 像素 ×60 像素、250 像素 ×60 像素、728 像素 ×90 像素、950 像素 ×90 像素、658 像素 ×60 像素；垂直广告：120 像素 ×600 像素、120 像素 ×240 像素、160 像素 ×600 像素；巨幅广告：180 像素 ×250 像素。

四、某网店的站外推广方案

（一）选择站外推广站点

站外推广站点主要有新浪网、人人网、豆瓣网、百度等。

1. 新浪网

（1）新浪微博。

- 每天更新微博，微博内容是同行业的或与胶原蛋白商品相关的内容。
- 发布活动，以增加粉丝为目的发布"现在转发有奖"活动。

目的：增加粉丝量，为后期宣传旗舰店活动与商品做准备。

（2）新浪博客。

- 发布博文，包括前期的两篇软文。另外，发布一些与商品相关的或女性美容、时尚、购物类的文章。
- 加入行业圈子，争取做圈子管理员，有机会使发布的文章推荐至新浪首页。

目的：通过长期文章积累，在行业内获得话语权，建立权威地位，以达到品牌推广的效果。

2. 人人网——公共主页

- 公共主页中的日记与新浪博客博文同步，状态与新浪微博同步。
- 上传图片（美容养生为主，加以文字，争取提升站内分享量与曝光度）。

目的：人人网账号前期以经营维护为主，后期可在公共主页发布旗舰店、微博。

3. 豆瓣网——豆瓣小站

- 创建豆瓣小站，完善小站信息，发布与胶原蛋白相关的文章、图片，以吸引站内用户。
- 同城活动，配合新浪微博发布线上同城活动，以增加微博粉丝量。

目的：豆瓣网内关于胶原蛋白的小组、小站很少，很多都是广告，因此可以先普及胶原蛋白的相关知识，等积累到一定的用户量后，再设法达到宣传活动和品牌的目的。

4. 百度

（1）百度知道。

- 回答他人的问题，答案必须带上链接。
- 自问自答，用不同的 IP 自己提问题自己回答。回答的时候可以放上商品链接或者引导链接。问题要与胶原蛋白相关，以提高关键词搜索。
- 可以在百度知道上传图片，图片中加上自己的推广链接。

目的：通过百度知道提高百度相关关键词的搜索量（如 M.T 胶原蛋白怎么样）。

（2）百度文库。

- 将前期的软文发布到百度文库。
- 添加由"胶原蛋白"之类的关键词制成的相关文章或其他文献上传至百度文库，从而提高关键词排名。可以制作一些同行业的教程，并在教程中使用自己的商品举例，然后上传到百度文库。

目的：通过上传文献提高行业关键词的排名。

（3）百度经验。

在百度经验上分享与商品相关的一些经验问题，可以图文并茂，添加链接。在分享某些技巧时可以用自己的商品做教程。

目的：百度经验的权重高，可直接带来流量，并能给网站增加外链。

（4）百度贴吧。

- 寻找同行业人气较旺的贴吧，调查这个贴吧的发帖量及与贴吧比较贴近的题材，根据得到的数据，掌握后期的发帖时间和频率。
- 注册 ID，培养一个主 ID，重点培养主账号及其在同行业内的权威性。

目的：百度贴吧人气客流量相比其他平台要大，又因为是百度自己的，所以它的关注度相应很高。在百度贴吧做好推广工作，可从中获取很多高质量的流量。

（二）完成时间

11 月 20—30 日，完成所有站点的初步推广工作（豆瓣小站内容填充、人人网公共主页创建、百度账号注册、新浪微博转发活动）。

📝 任务实施

为小雅的服装店铺在新浪微博中做一个焦点图站外广告。

STEP 01 制作一个广告图片。打开 Photoshop，为适合焦点图的大小，新建一个 589 像素 ×273 像素的图片，如图 4-28 所示。

STEP 02 制作完成的店铺活动广告，如图 4-29 所示。

STEP 03 登录新浪微博的首页，点击左上角的 👤 进入"设置管理|资料管理|焦点图"设置，如图 4-30 所示。

STEP 04 将广告图添加到新浪微博焦点图，如图 4-31 所示。

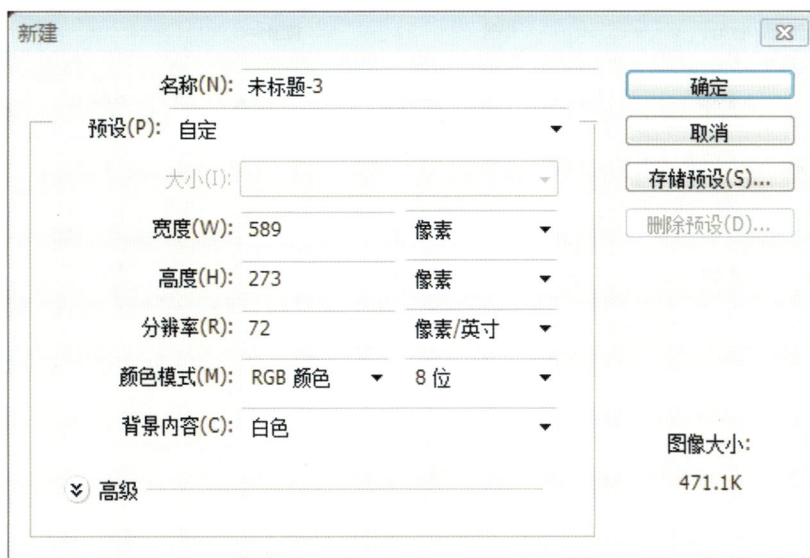

图 4-28

图 4-29

图 4-30

STEP 05 查看最终效果,如图 4-32 所示。

图 4-31

图 4-32

任务评价

每名学生对自己在整个学习过程中的表现进行自评，并请学习小组成员和教师对自己在本任务学习中的表现做出评价，从定性和定量两方面填写评价表，如表 4-4 和表 4-5 所示。

表 4-4　"站外广告投放"学习活动学生表现评价量化表

班级：　　　　　　　　姓名：　　　　　　　　学号：

序号	评价项目	描述性评价		量化评价			
		具体评价内容	填写具体事实	满分	自评	互评	师评
1	提出问题	①广告风格与广告目标人群定位是否合理 ②广告平台选择是否合适 ③广告设计是否合适 ④广告语是否突出商品卖点		20			
2	设计实施方案	能否自行设计合理的方案实施步骤		20			
3	实施操作	能否小组分工合作完成，操作步骤是否衔接妥当		20			
4	分析并得出结论	能否根据商品、目标客户人群的喜好把握好广告的设计，找到一个合适的平台发布		20			
5	表达和交流	是否具有与他人合作、表达与交流的能力		10			
6	反思，提出新问题	如何通过外部广告稿设计提高点击率		10			
	等级		总分	100			
	评语（教师填写）						

表 4-5　"站外广告投放"学习活动学生表现评价权重结果

班级：　　　　　　　　姓名：　　　　　　　　学号：

自评（×20%）	小组互评（×50%）	教师评价（×30%）	总评

🔄 项目实训

实训 01　请根据小雅朋友手机网店商品设计一套广告图片，包括直通车广告图（800 像素 ×800 像素）、首屏海报（950 像素 ×450 像素）。

实训 02　请根据小雅的服装店制作一个站外广告，发布在凤凰网上，可参考图 4-33。

图 4-33

🧑‍🏫 教学微视频

商品信息页美工

项目背景

　　小雅确定了淘宝店的目标顾客，在此基础上又确定了店铺的风格和配色及品牌服装的特色，也拍摄了精美的商品图片并进行了图片处理。

　　小雅："那么，下一步我要做什么呢？"

　　大伟："下一步就是商品上架啦！首先将主图做出来，然后是商品详情页，这就是商品上架！"

　　小雅很激动，说："好的。这个步骤是最重要的，客户最终是通过主图和商品详情来打消购买顾虑的，所以我一定要做好！"

学习目标

1. 能针对所经营的网店风格定位完成主图的选图和制作。
2. 能够对主图进行基本优化，掌握优化主图的方法和技巧。
3. 能够选定合适的模板来制作商品详情页。
4. 让学生了解作品主题，感悟作品情感，理解作品内涵，认识美工的基本功能与作用，提高美工实践能力。

学习任务

任务十四　制作商品主图
任务十五　制作商品详情页
任务十六　淘宝主图视频制作
教学微视频

任务十四 | 制作商品主图

店铺风格由经营的商品和定位来决定，它体现着网店独特的格调。色彩的搭配要符合整个店铺的主题，不能盲目搭配，要体现出店铺的品牌文化及形象，还应便于记忆。因此，要学会用图文来展示说明。

任务目标

为小雅的淘宝店铺设计 5 个符合要求的主图。

任务准备

淘宝网店账号一个、计算机一台。

知识链接

一、主图制作步骤

淘宝店铺装修过程中千万不能忽视主图。商品详情页中最重要的也是首先吸引买家注意的主图，淘宝店铺装修中主图如果做得好，具有吸引力，就能吸引买家继续关注。如何做好主图呢？制作主图的基本步骤如下。

（1）新建一个画布，如图 5-1 所示，画布大小为 800 像素 ×800 像素。

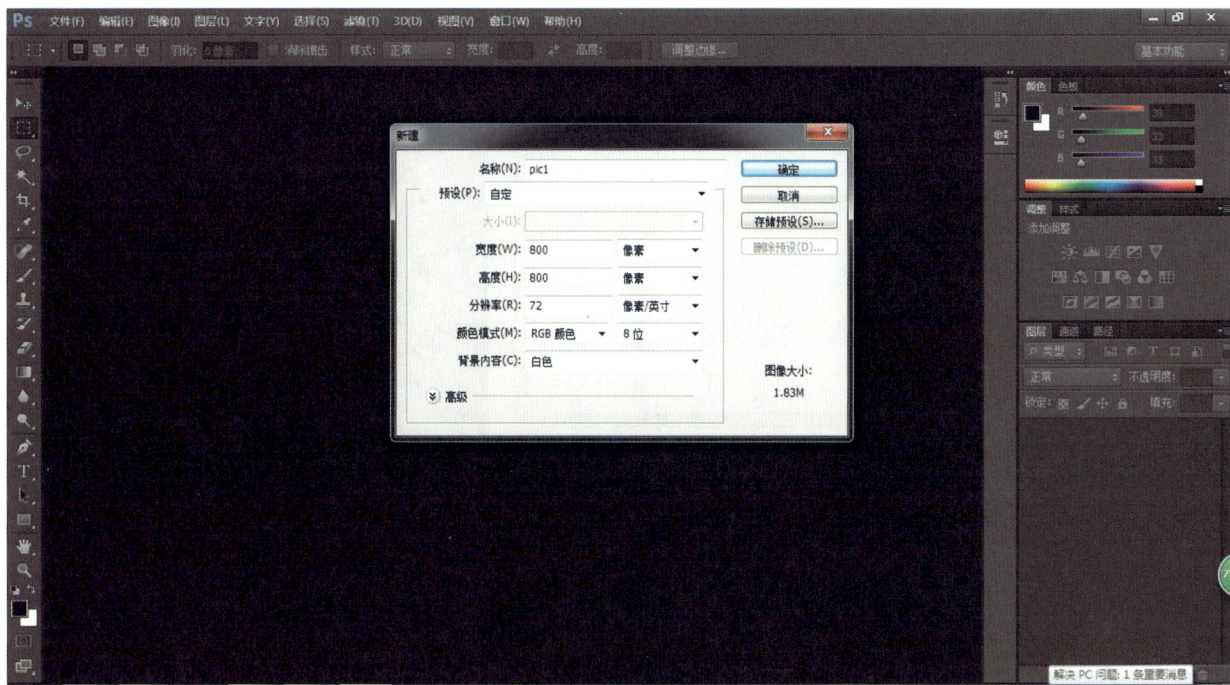

图 5-1

（2）打开一张相对清晰的图片，精度要高，复制到画布上去，如图 5-2 所示。

图 5-2

（3）为了提高图片的饱和度和亮度，按 Ctrl+U 组合键，弹出如图 5-3 所示的对话框。然后根据图片的特点，设置色相饱和度和明度，让图片在接近实物的同时，又显得比较鲜亮。

（4）选择拖动工具（工具栏右上方）并按住鼠标左键，将水印图拖到主图中，效果图如图 5-4 所示。也可以通过复制、粘贴来完成。调整好图片大小，放在相应的位置。保存为 jpg 格式就可以了。

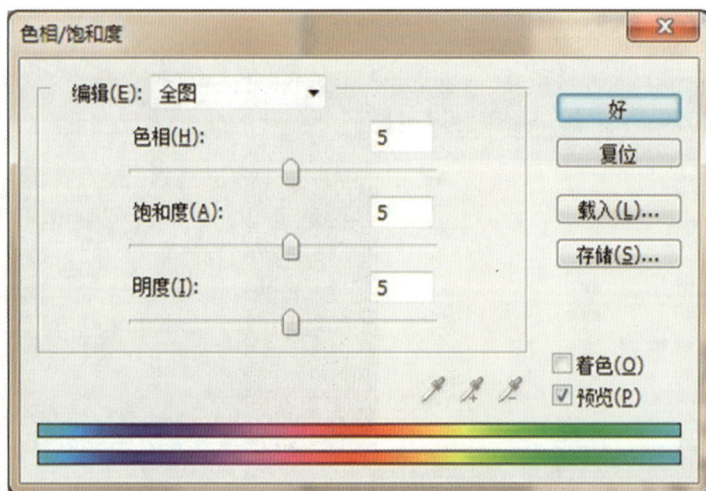

图 5-3

图 5-4

（5）若要放品牌的 LOGO，也可以用同样的方法，放在左上角，注意大小要符合标准。对于背景也可以选择有意境的风景画或场景画，并将商品放在上面。

二、主图制作规范

（1）将 LOGO 放在左上方，如图 5-5 所示。

(1) 正确案例　　　　　　　(2) 错误案例

图 5-5

（2）图片不得拼接，如图 5-6 所示。

(1) 正确案例　　　　　　　(2) 错误案例

图 5-6

（3）图片不得出现任何形式的边框，如图 5-7 所示。

(1) 正确案例　　　　　　　(2) 错误案例

图 5-7

（4）图片不得包含促销等文字说明，如图 5-8 所示。

(1) 正确案例　　　　　　　(2) 错误案例

图 5-8

（5）图片不得出现水印，如图 5-9 所示。

（6）图片不得留白，如图 5-10 所示。

错误案例

图 5-9

错误案例

图 5-10

错误案例

图 5-11

（7）图片必须是实物图（不得引用杂志图、同款官网图、其他品牌商品图片），如图 5-11 所示。

三、主图优化

访客越多销售额才可能越高。要想提高访客数，需要提高两个数据——曝光量和点击率。

一般情况下，推广主要是为了提升曝光量，在点击率一定的情况下，曝光量越高点击量就越高。在同样曝光量的情况下，如果点击率提升一倍，则流量也会提升一倍。

如果想要获得点击量，就要在主图中突出自己的差异化，可以在以下 3 个方面进行改进。

1. 背景

背景，也就是主图背景。它的重要性在于，商品主图是跟上下左右附近的其他商品主图在竞争，想让别人第一眼就注意到，就需背景要明显区别于其他背景，多吸引一点注意力就有可能增加点击率，毕竟这是一个视觉营销的时代。顾客的注意力比较有限，能够吸引顾客的注意力也就相当于取得了初步的成功。

以童装类目为例，下面通过对比如图 5-12 所示的两张图片来进行说明。

左图有场景，生活感强，能给顾客代入感，让他们产生联想——孩子穿上的时候也会是这种感觉；而右图只是纯色底图，亲和度不高，会让人产生距离感。

2. 卖点

只有主图上的卖点取得初步成功，赢得了顾客的注意，顾客才会进一步地认真看主图。此时，如何打动顾客点击链接进入页面，就需要在卖点呈现上下功夫了。对于自己商品的卖点，自己应该最清楚，因为详情页里为了勾起顾客的购买欲，已经将这些卖点叙述出来了。这个时候，应把所有的卖点列个表，然后将最能吸引顾客点击的卖点放在主图上。

如图 5-13 所示的挂钩主图，就将它的质量和承重能力充分地表达了出来。

图 5-12

无痕挂钩 超强力 承重 粘钩 真空创意吸盘
挂钩 厨房魔力贴易固
¥ **45.00**　　　　　　　　　　免运费

图 5-13

3. 创意

主图上卖点的创意是非常重要的，如何表达卖点，会对点击率有很大的影响。有这样一个案例：同一款裙子，通过不同的模特造型摆设，点击率从 0.5% 提升到 0.7%。当通过不断测试找到最能吸引顾客的卖点后，就需要优化卖点的创意了，这样才能更好地提升点击率。

任务实施

为小雅的服装店铺编辑发布商品。

STEP 01　挑选一张好看的原图。主图一般可以上传 4～6 张不同角度的图片。

编辑时淘宝也有提示：上传 800 像素 ×800 像素的图片。发布后，商品详情页的主图才能使用放大镜功能。

STEP 02　选择裁剪工具，如图 5-14 所示。

STEP 03　设置裁剪区大小为 800 像素 ×800 像素，如图 5-15 所示。

图 5-14

图 5-15

STEP 04　将商品移到裁剪框中，调整裁剪框大小，尽量突出商品主体，如图 5-16 所示。

STEP 05　按 Enter 键确定裁剪，或点击工具属性栏上的"√"按钮。

任务评价

每名学生对自己在整个学习过程中的表现进行自评，并请学习小组成员和教师对自己在本任务学习中的表现做出评价，从定性和定量两方面填写评价表，如表 5-1 和表 5-2 所示。

图 5-16

表 5-1 "制作商品主图"学习活动学生表现评价量化表

班级：　　　　　　　　　姓名：　　　　　　　　　学号：

序号	评价项目	描述性评价		量化评价			
		具体评价内容	填写具体事实	满分	自评	互评	师评
1	提出问题	① 主图风格与商品目标人群定位是否合理 ② 主图是否符合淘宝网站要求 ③ 主图是否具有创意 ④ 主图是否卖点清晰		20			
2	设计实施方案	能否自行设计合理的方案实施步骤		20			
3	实施操作	能否小组分工合作完成，操作步骤是否衔接妥当		20			
4	分析并得出结论	能否根据商品、目标客户人群的喜好把握好主图的设计，从而提高点击量		20			
5	表达和交流	是否具有与他人合作、表达与交流的能力		10			
6	反思，提出新问题	什么样的主图才能吸引客户的目光		10			
等级			总分	100			
评语（教师填写）							

表 5-2 "制作商品主图"学习活动学生表现评价权重结果

班级：　　　　　　　　　姓名：　　　　　　　　　学号：

自评（×20%）	小组互评（×50%）	教师评价（×30%）	总评

✿ 任务十五 ｜ 制作商品详情页

　　商品详情页是提高转化率的首要入口，一个好的商品详情页就像专卖店里一个好的推销员。打动客户的方法有两种：一种是用语言打动，另一种是用视觉传达商品的特性，所以商品详情页对提高商品转化率至关重要。

🎯 任务目标

为小雅的淘宝店铺上传 5 张商品详情页。

☑ 任务准备

淘宝网店账号一个、计算机一台。

知识链接

商品详情页是唯一向顾客详细展示商品细节与优势的地方，无论顾客喜不喜欢这个商品，无论是否愿意在你的店里购买，肯定都会仔细看商品详情页，99%的订单都是在顾客看过商品详情页后生成的。据统计，商品详情页流量占整个店铺流量的76.51%，可见商品详情页的重要性之大。下面来讲述淘宝商品详情页的制作要点。

一、商品详情页的组成

商品详情页的组成如图5-17所示。

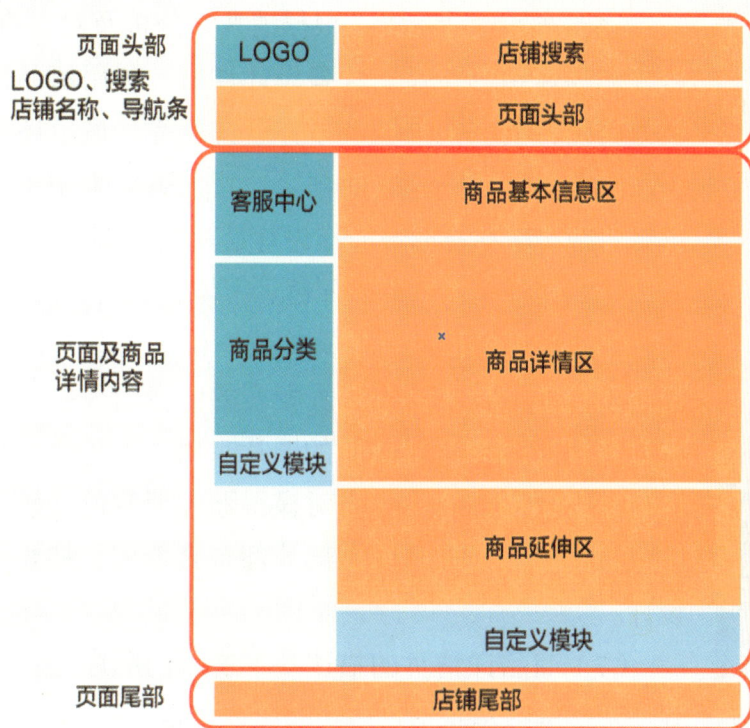

图 5-17

（1）页面头部：LOGO、店招等（美工优化）。

（2）页面尾部：与页面头部展示风格呼应（美工优化）。

（3）侧面：客服中心、店铺公告（工作时间、发货时间）、商品分类、自定义模块（如销量排行榜等），展示清晰即可。

（4）商品详情页核心页面：单件商品的具体详情展示。

二、商品详情页的设计思路

商品详情页的设计思路有以下8个要点。

（1）市场调查。设计商品详情页之前，要充分进行市场调查、同行业调查，以规避同款。同时，也要做好消费者调查，分析消费者人群，分析消费者的消费能力、消费喜好及购买时会在意的问题等。

（2）商品定位。根据店铺商品及市场调查确定本店的消费群体，完成定位。例如，出游住宿选择小招待所一晚需100元，卖的是价格，卫生等问题都没有保障，定位于低端消费顾

详情页设
计思路

119

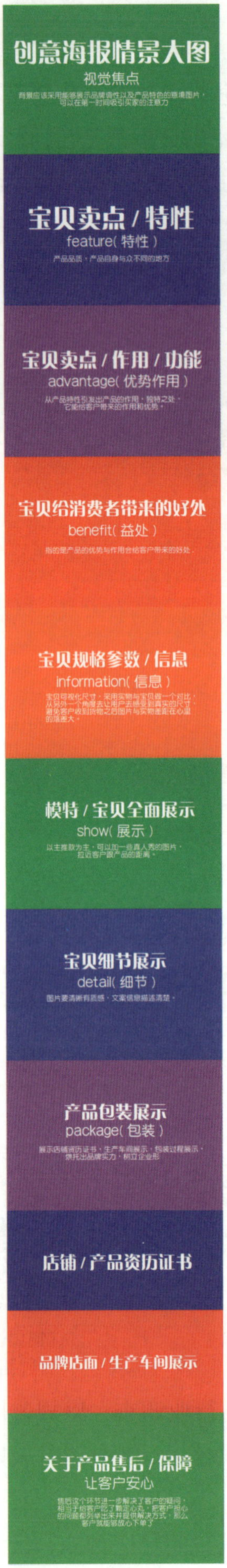

客；连锁酒店住一晚需 200 元，卖的是性价比，定位于中端消费顾客；大酒店住一晚需 400 元以上，卖的是服务；还有主题宾馆，卖的是个性和特色。

（3）挖掘商品卖点。针对消费群体挖掘出本店的商品卖点。例如，一家卖键盘膜的店铺发现评价里大多抱怨键盘膜太薄，一般的掌柜会根据顾客意见进厚一点的货。而这家掌柜则直接把描述里的卖点改为史上最薄的键盘膜！结果出乎意料，评分直线上升，评价里都是称赞键盘膜真的好薄之类的评语，直接引导并改变了消费者的心理期望，达到了非常好的效果。

（4）准备设计元素。根据消费者分析及对自身商品卖点的提炼，以及商品风格的定位，准备设计素材。利用商品详情页所用的文案确定商品详情页的用色、字体、排版等。最后还要烘托出符合商品特性的氛围，如羽绒服详情页，背景可以采用冬天的雪景，游泳衣详情页则选择沙滩或泳池作为背景。

（5）确立六大元素：配色、字体、文案、构图、排版、氛围。

（6）常见的商品详情页构成框架，如图 5-18 所示。上半部分诉说商品价值，后半部分培养顾客的消费信任感。消费信任感不仅是通过各种证书和品牌认证的图片来树立，还要使用正确的颜色、字体和排版结构，这些图片对赢得顾客消费信任感也会起到重要的作用。商品详情页每一组成部分都有其价值，都要经过仔细的推敲和设计。

（7）商品详情页的描述基本遵循的顺序为：引发兴趣→激发潜在需求→赢得消费信任→替顾客做决定。

（8）商品详情页的描述基本遵循的原则是：文案要运用情感营销引发共鸣，对于卖点的提炼要简短易记并反复强调和暗示。

有需求才会有商品，卖的不是商品，卖的是顾客买到商品之后可以得到什么价值，满足什么需求；争取让理性的顾客进来，最后感性下单。

商品详情页设计完成后需要配合分析询单率、停留时间、转化率、访问深度等数据进行不断优化。网店美工不应该只停留在技术层面，还要有和运营人员争论的资本，商品详情页优化的好坏与整个运营设计团队的文化素养和学识有密不可分的关系。

三、商品详情页的设置——以某女装为例说明

商品详情页的设置是根据顾客的浏览习惯来确定的，顾客一般的浏览习惯是：促销信息→商品参数→商品卖点→商品搭配→物流和售后等。

图 5-18

（1）收藏＋关注：轻松赚 10 元优惠券或者购物立减 5 元，优惠幅度可以调整。

（2）焦点图：突出单品的卖点，吸引眼球，如图 5-19 所示。

图 5-19

（3）推荐热销单品：单品为 3～4 个，必须是店铺热卖、性价比好的单品，如图 5-20 所示。

图 5-20

（4）商品详情＋尺寸表：商品详情如编号、产地、颜色、面料、重量、洗涤建议。

（5）模特图：至少一张正面图、一张背面图、一张侧面图，展示不同的动作，如图 5-21
和图 5-22 所示。

图 5-21

图 5-22

（6）实物平铺图：将衣服的颜色种类展示出来，不同的颜色代表不同的性格或者不同的风格，如图5-23所示。

（7）场景图：模特在不同的场景，以不同的角度展示，可引起不同的视觉美感，如图5-24所示。

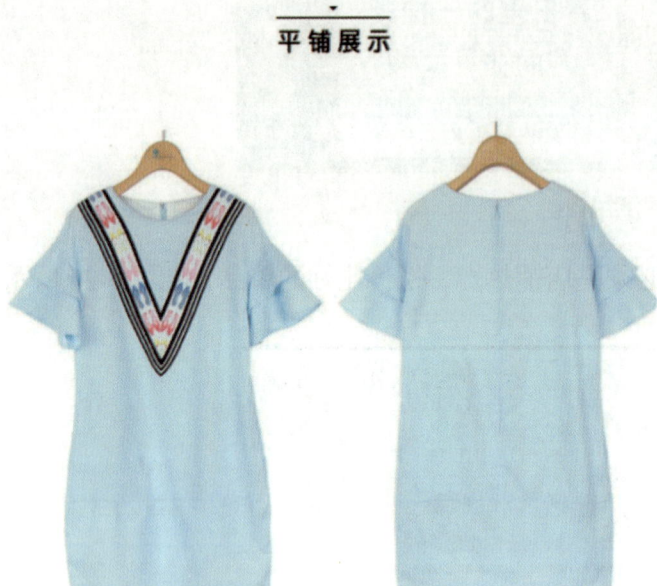

图 5-23

图 5-24

（8）商品细节图：如帽子或袖子、拉链、吊牌位置、纽扣，如图5-25所示。

图 5-25

（9）同类型商品对比：找一些质量不好的或者高仿效果不好的同类型商品进行对比。

（10）买家秀展示或者好评截图：展示以前的买家秀，应注意的是：挑选长得好看的买家，如图5-26所示。

（11）搭配推荐：挑选实用美观的搭配，不要和上面的推荐重复，如图5-27所示。

（12）购物须知：如邮费、发货、退换货、衣服洗涤保养、售后问题等，如图5-28所示。

（13）品牌文化简介：让买家觉得品牌质量可靠，容易得到认可，如图5-29所示。

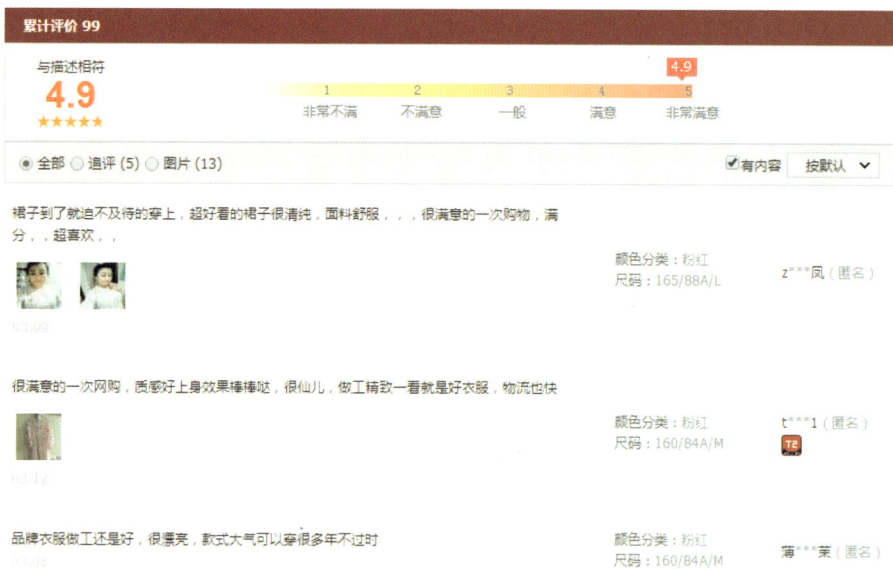

图 5-26

图 5-27

图 5-28

图 5-29

四、商品详情页的基本点与原则

商品详情页有两个基本点、6个原则。

1. 两个基本点

（1）将所有买家都当作非专业人士。

（2）寻找商品的价值点而非促销点。

2. 6个原则

（1）前3秒原则：前3秒钟必须引起买家的注意。

（2）前3屏原则：前3屏决定买家是否想购买商品。

（3）讲故事原则：用情感营销吸引买家的共鸣。

（4）一句话原则：用一句话提炼商品卖点。

（5）重复性原则：商品卖点只需要一个且要不停地告诉买家。

（6）问答原则：诉求利益因素，给买家一个购买的理由。

五、评定商品详情页达标的标准

（1）商品详情页的跳失率。一般其数值越大，表明买家就越不想继续看你的商品。

（2）访问深度、平均访问时间。其数值越大，关注的买家就越多。

任务实施

小雅的服装已经拍摄结束，主图也已做好。请根据拍摄的图片和商品详情页的要求，制作出商品详情页的图片并上传。

STEP 01 制作商品详情页，共10余张。下面以其中一张细节图为例。新建文件，宽度必须要设置为750像素，并在上面输入细节的字样，再导入商品部分大图，输入文字，做出细节图。制作完所有的商品详情页图片后上传至图片空间。

STEP 02 淘宝卖家进入淘宝网首页，点击页面右上角的"卖家中心"，输入淘宝账号及密码，进入淘宝卖家中心后台，如图5-30所示。

STEP 03 卖家到达淘宝"卖家中心"后，在页面左侧菜单栏"店铺管理"下，点击"图片空间"按钮，如图5-31所示。

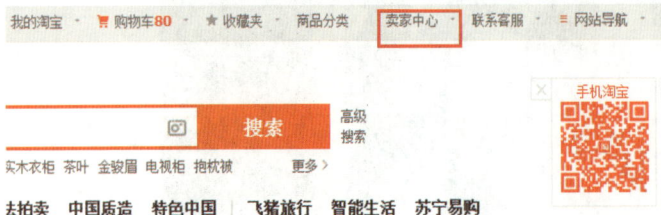

图 5-30

图 5-31

STEP 04 进入图片空间后，点击页面左上角的"上传图片"，在弹出的对话框中点击

"点击上传"按钮，如图 5-32 所示。

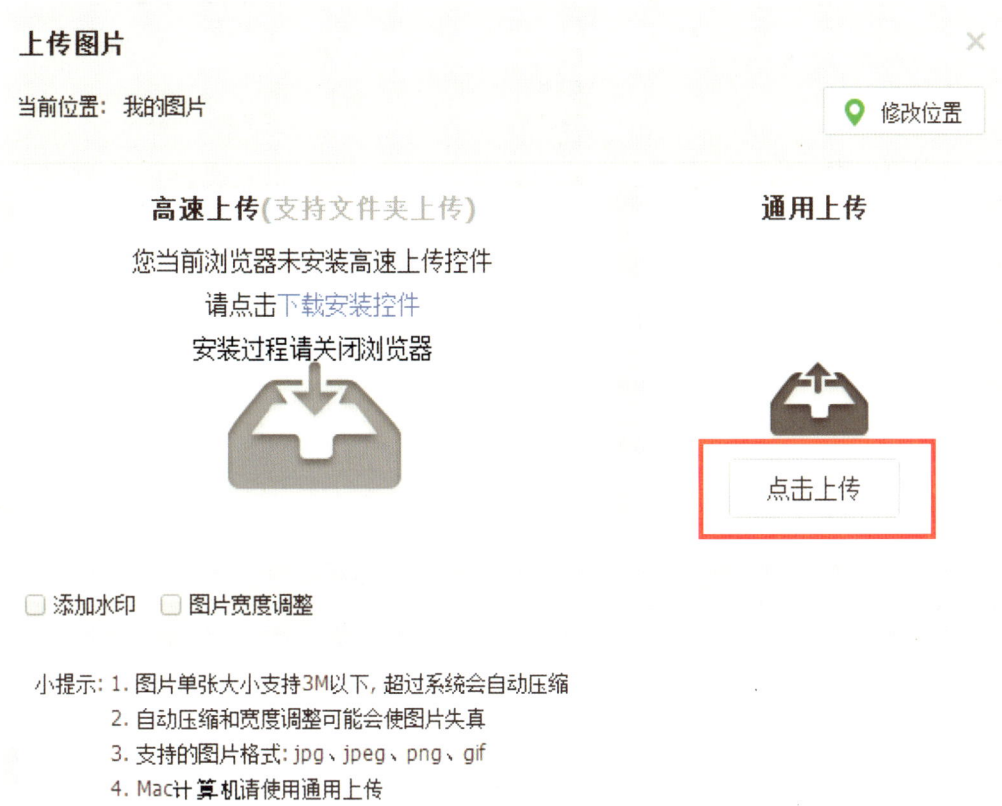

图 5-32

STEP 05　返回图片空间，双击已保存好的文件夹，然后选择适合的详情图片，点击"上传图片"按钮，如图 5-33 所示。

STEP 06　图片上传至图片空间后，返回"卖家中心"页面，点击左侧菜单栏"宝贝管理"中的"发布宝贝"按钮，如图 5-34 所示。

图 5-33

图 5-34

STEP 07　选择所属商品类目后点击"我已阅读以下规则，现在发布宝贝"按钮，如图 5-35 所示。

STEP 08　在填写商品基本信息页面商品描述中，点击"图片"按钮，选择在图片空间的商品详情页图片，上传至商品描述中，如图 5-36 所示。

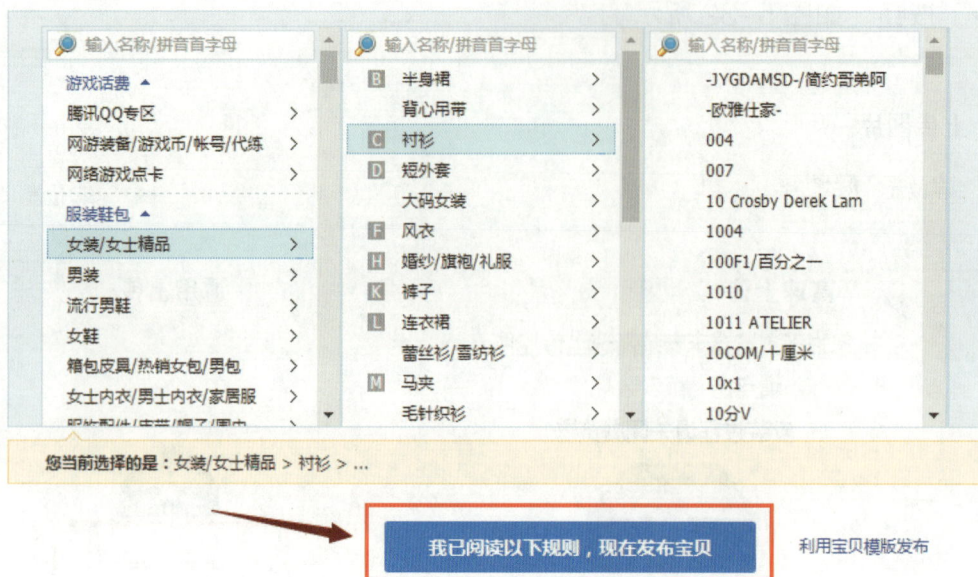

图 5-35

图 5-36

STEP09 填写完整的商品详情之后，点击"发布"按钮，如图 5-37 所示。至此，商品详情页图片就完成上传了。

图 5-37

🌂 任务评价

每名学生对自己在整个学习过程中的表现进行自评，并请学习小组成员和教师对自己在本任务学习中的表现做出评价，从定性和定量两方面填写评价表，如表 5-3 和表 5-4 所示。

表5-3　"制作商品详情页"学习活动学生表现评价量化表

班级：　　　　　　　　　姓名：　　　　　　　　　学号：

序号	评价项目	描述性评价		量化评价			
		具体评价内容	填写具体事实	满分	自评	互评	师评
1	提出问题	① 商品详情页风格与商品目标人群定位是否合理 ② 商品详情页是否符合淘宝网站要求 ③ 商品详情页的内容是否完整 ④ 商品详情页是否卖点清晰		20			
2	设计实施方案	能否自行设计合理的方案实施步骤		20			
3	实施操作	能否小组分工合作完成，操作步骤是否衔接妥当		20			
4	分析并得出结论	能否根据商品、目标客户人群的喜好把握好商品详情页的设计，从而提高点击量		20			
5	表达和交流	能否具有与他人合作、表达与交流的能力		10			
6	反思，提出新问题	什么样的商品详情页才能吸引客户的目光		10			
	等级		总分	100			
	评语（教师填写）						

表5-4　"制作商品详情页"学习活动学生表现评价权重结果

班级：　　　　　　　　　姓名：　　　　　　　　　学号：

自评（×20%）	小组互评（×50%）	教师评价（×30%）	总　评

✿ 任务十六 ｜ 淘宝主图视频制作

　　买家进入商品详情页首先看到的是商品主图，主图的呈现效果将对商品的购买和转化率产生重要的影响，而视频的影音动态呈现，将有效地在最短时间内提升买家对商品的认知度，促进买家做出购买决定。主图视频已经开始进入导购频道并且进入主搜展现，可以给店铺引流。

⊙ 任务目标

　　1. 了解淘宝主图视频使用规则。

2. 能够使用淘拍拍摄发布主图视频。

3. 能够使用 Premiere 编辑制作主图视频。

☑ 任务准备

淘宝网店账号一个、Premiere、多媒体计算机一台。

📋 知识链接

一、淘宝主图视频使用规则

（1）尺寸比例：以 1：1、16：9 或 3：4 画幅的视频为主，如图 5-38～图 5-40 所示。

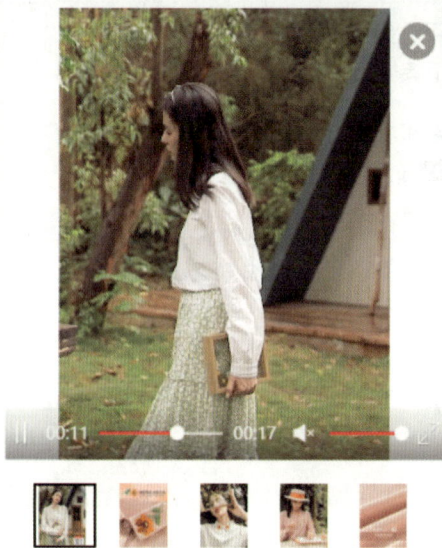
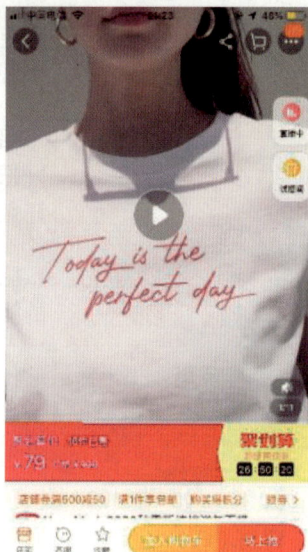

图 5-38   图 5-39   图 5-40

（2）时长：≤60s，建议使用 30s 以内的短视频，可优先在爱逛街等推荐频道展现。

（3）文件大小：支持 300M 以内的视频上传。

（4）支持格式：MP4、MOV、FLV、F4V。

（5）画质要求：高清、超清、720P 以上。

（6）无水印（包括拍摄工具及剪辑工具的 LOGO 等）、无二维码、无片头片尾、无商家 LOGO（片头不要出现品牌信息，可在视频结尾出现 2s 以内，正片中不可以角标、水印等形式出现）、无外部网站及店铺的 LOGO。

（7）视频必须与商品相关，突出卖点，内容不建议使用电子相册式的图片翻页视频。

二、主图视频脚本的编写

（1）主图视频拍摄流程。主图视频拍摄流程包括 4 步：了解商品特点、布置拍摄场景、视频拍摄与视频编辑，如图 5-41 所示。

（2）了解了商品特点后，首先要制订拍摄计划，以指导快速完成拍摄工作。编写一份商品拍摄脚本尤其重要，能够帮助拍摄者快速完成拍摄工作，起到事半功倍的效果。如表 5-5 所示为小雅为即将拍摄的 T 恤主图视频编写的脚本。

第1步	了解商品特点
	了解商品特点、特色、使用方法

第2步	布置拍摄场景
	根据商品特点选择合适的道具、模特、拍摄场景等

第3步	视频拍摄
	选用合适的器材进行拍摄，包括拍摄器材、布光等

第4步	视频编辑
	使用手机端或 PC 端的视频编辑软件进行后期处理

图 5-41

表 5-5　T 恤主图视频拍摄脚本

镜号	景别	镜头运用	时长	画面内容	备注
			1s	视频封面	
1	全景	定	4s	模特走过来	
2	中景	定	2s	上衣和下装搭配	
3	中景	定	3s	侧身、背面、转身	
4	特写	从下往上推拍	3s	花纹、袖子	
5	全景	定	3s	模特整体展现	

练一练

为一款电动牙刷编写拍摄脚本，如表 5-6 所示。

表 5-6　电动牙刷拍摄脚本

镜号	景别	镜头运用	时长	画面内容	备注

三、拍摄主图视频的技巧

1. 主图视频构图法则

为主图视频拍摄取景时，需要遵循以下构图法则。

（1）主体明确。

画面构成应主要突出主体，所以在构图时，需要将主体放在醒目的位置。按照人们的视觉习惯，主体位于画面中心位置更容易明确主体，如图 5-42 所示。

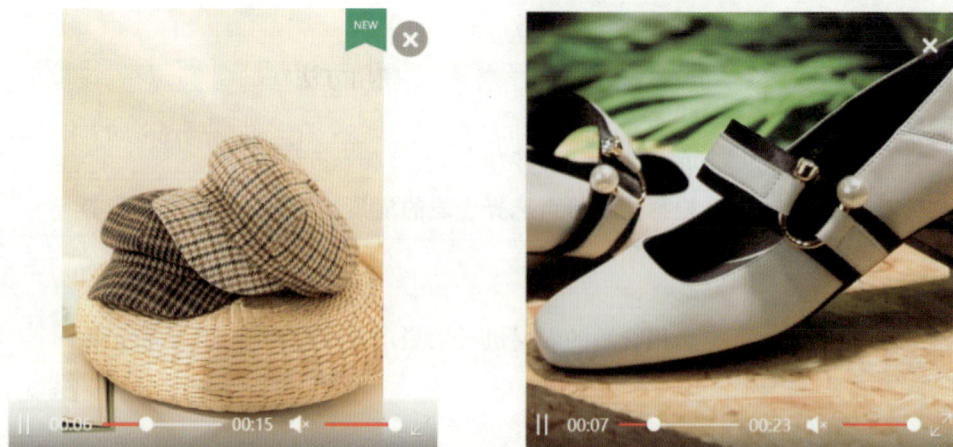

图 5-42

（2）主体陪衬。

若拍摄的画面中只有一个商品，会显得有点单薄。再好的商品也需要陪衬，在拍摄时可以通过背景和装饰品等进行搭配，以突出主体商品。需要注意的是，搭配物品，不要抢了主体商品的风头。

（3）合理布局。

拍摄画面中的物品不是随意摆放就能达到美观视觉效果的，需要让主体和搭配物品在画面中合理分布，也就是画面的合理布局。通过利用对称式构图法、九宫格构图法、三角形构图法、中心构图法等进行构图设计，让画面显得更有美感，主体也会更突出，如图5-43所示。

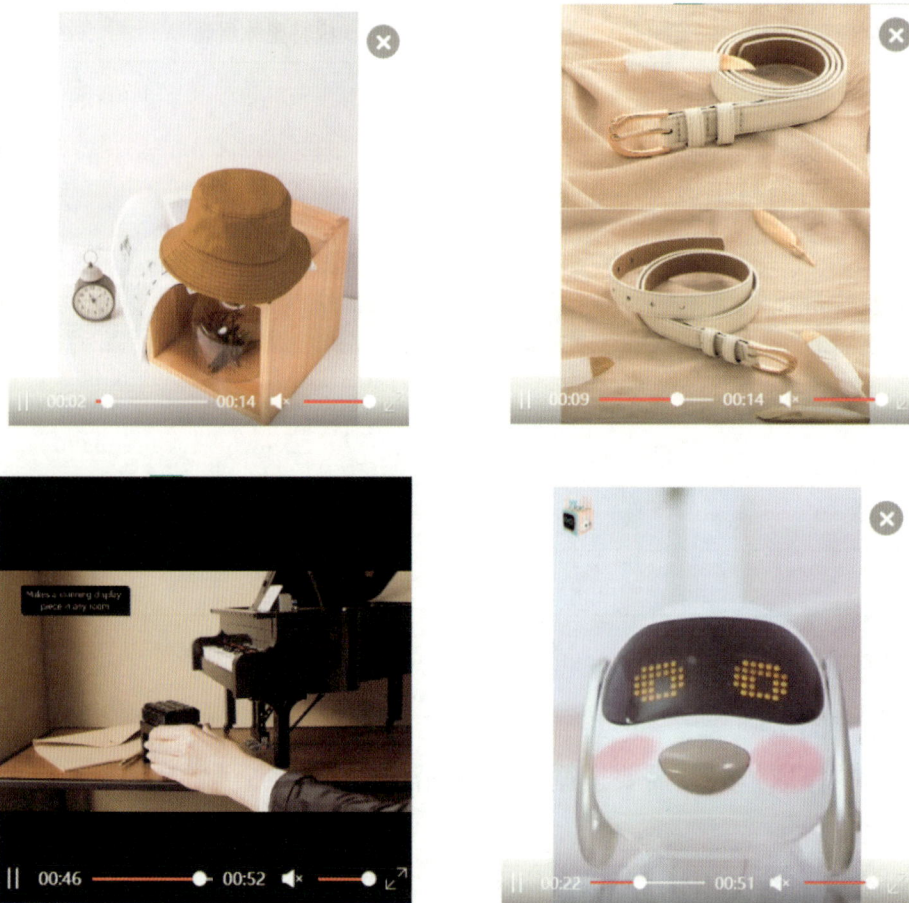

图 5-43

（4）场景衬托。

将拍摄主体放在合适的场景中，不仅能够突出主体，还可以给画面增加现场感，显得更加真实可信，代入感比较强，能使顾客的购买欲望徒然增加，如图 5-44 所示。

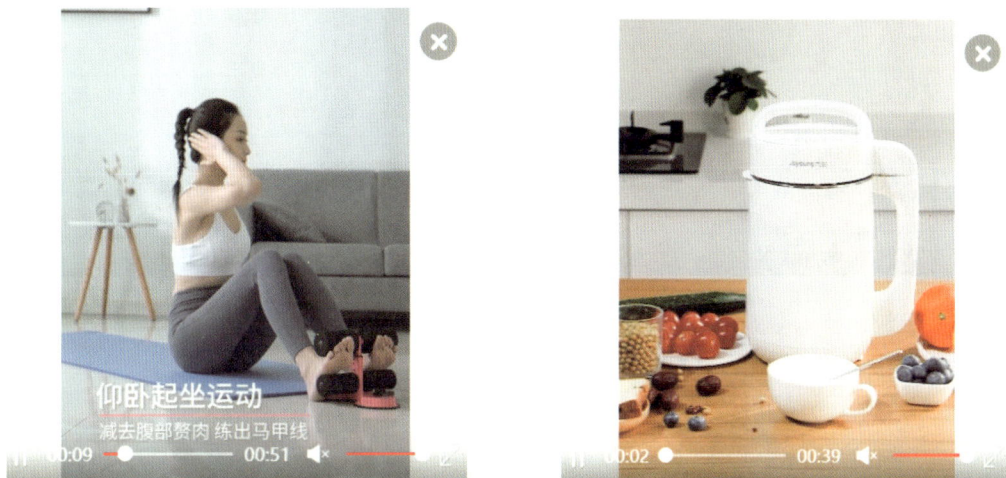

图 5-44

2. 商品拍摄景别

在拍摄商品视频时，需要展现商品的整体形象、外观及局部细节，所以需要采用不同景别进行拍摄。常用的拍摄景别有全景、中景、近景、特写。

（1）全景。

全景拍摄范围广，主要用于展现商品的全貌及周围环境的特点。较为明显地突出主体，要求景深较大，如图 5-45 所示。

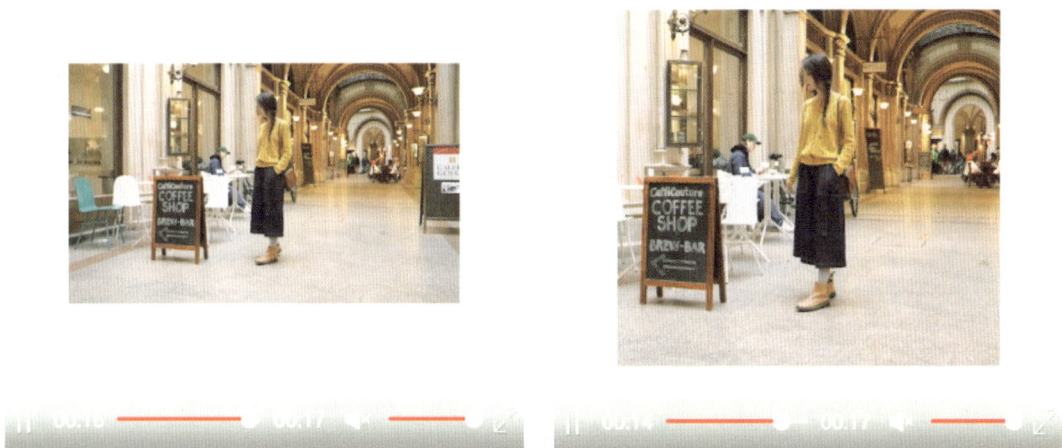

图 5-45

（2）中景。

中景一般用于表现人与物、物与物之间的关系，偏重于动作姿势，如图 5-46 所示。

（3）近景。

近景主要是对商品的主要外观进行细节刻画，用于多角度展示商品，如图 5-47 所示。

图 5-46

图 5-47

（4）特写。

特写主要以展现商品局部为主，可以对商品内部结构或局部细节进行突出展示，用于表现商品的材质和设计等，如图 5-48 所示。

图 5-48

3. 拍摄方向与拍摄角度

拍摄方向是指摄影机，以被拍摄对象为中心，在同一水平面上的前、后、左、右位置上的变化。有时也可以改变被摄对象的方向，以获得不同方向的拍摄效果。以拍摄连衣裙为例，可以让模特改变方向，以获得不同方向的拍摄效果。

拍摄方向主要有正面、前侧面、侧面、背面等，通过选择不同方向的拍摄可以多方位地展示商品特性，如图 5-49 所示。

正面：展示裙子全貌　　前侧面：展示裙子结构　　侧面：展示裙子线条　　背面：展示裙子背面

图 5-49

在拍摄方向不变的前提下，通过改变拍摄的高度可以使画面的透视效果发生变化。高度的变化使拍摄角度也发生相应的变化。常用的拍摄角度有平视、仰视、俯视等。

拍摄高度的选择要根据实际的商品和周围环境来确定。例如，在拍摄服装视频中，往往采用平视角度拍摄上衣、裙装，采用仰视角度拍摄裤子、鞋子等。

四、淘宝主图视频制作与上传

淘宝主图视频拍摄和制作的软件较多，下面将通过两个任务实施分别介绍淘宝官方出品的短视频拍摄剪辑工具——淘拍，以及使用 Premiere 制作主图视频。

任务实施

一、通过淘拍发布短视频

淘拍是淘宝官方出品的短视频拍摄剪辑工具，支持用手机拍摄＋剪辑视频，可进行时长剪辑，支持 3:4 竖版主图视频裁剪，更有预设脚本、视频拍摄模板可免费使用，剪辑完可一键发布至主图等场景。

STEP 01　找到发布入口，打开手机千牛卖家版，选择"工作台"｜"我的工具"｜"淘拍视频"，如图 5-50 所示。

STEP 02　点击进入淘拍，点击"视频拍摄"可进入普通视频创作或使用视频上传功能，如图 5-51 所示。

STEP 03　进入拍摄界面，在上方选择 3:4 比例选项，然后点击 ⭕ 按钮进行拍摄，如图 5-52 所示。

STEP 04　在拍摄过程中，点击 ⏸ 按钮，即可完成第 1 段视频的拍摄，在界面下方会显示橙色的进度条。若在拍摄过程中出现失误，可以点击 ⊗ 按钮，删除该短视频。在进行分段拍摄时，还可以长按 ⭕ 按钮进行拍摄，松开该按钮即可暂停拍摄。

STEP 05　拍摄完成后点击"下一步"按钮进入视频编辑，如图 5-53 所示。选择"裁切"按钮裁剪视频，完成视频拼接和过渡。

STEP 06　选择"音乐"选项，去除原声，如图 5-54 所示。选择背景音乐，如图 5-55 所示。

图 5-50

图 5-51

图 5-52

图 5-53

图 5-54

图 5-55

STEP 07 选择"字幕"为视频添加动态字幕。

STEP 08 点击右上角"确定"按钮，进入主图视频发布界面，如图 5-56 所示。设置主图视频封面，编辑标题，选择商品，如图 5-57 所示。

STEP 09 点击"发布"按钮完成主图视频发布，如图 5-58 所示。

二、使用 Premiere 制作主图视频

1. 导入并修剪素材

视频拍摄完成后，将视频、音乐及图片素材导入 Premiere 中，然后结合背景音乐的节奏对素材进行修剪，具体操作方法如下。

图 5-56 图 5-57 图 5-58

STEP 01 新建项目并输入名称，如图 5-59 所示，然后点击"确定"按钮。

STEP 02 在"项目"面板中导入视频和音频素材，然后点击"新建项"按钮■，在弹出的列表中选择"序列"选项，如图 5-60 所示。

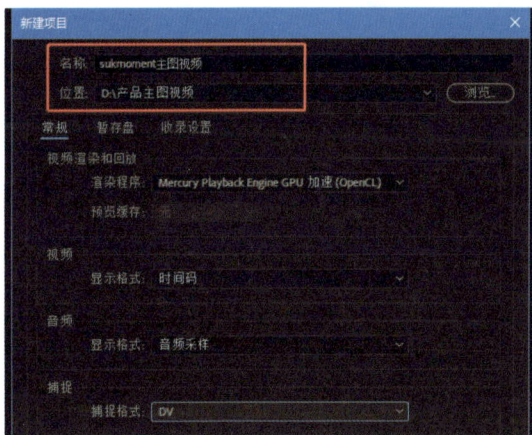

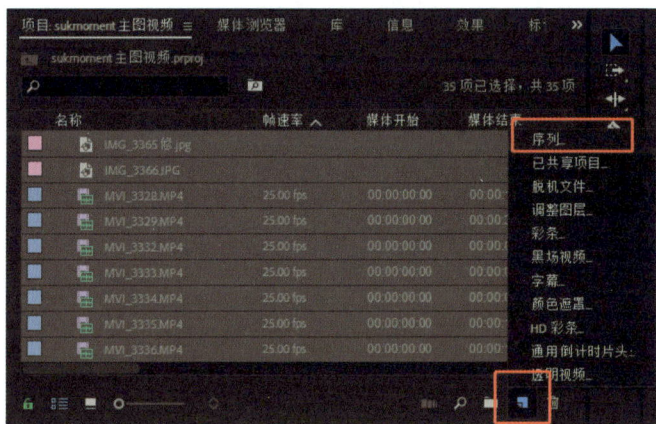

图 5-59 图 5-60

STEP 03 在"新建序列"对话框，选择"设置"选项卡，在"编辑模式"下拉列表中选择"自定义"选项，设置"帧大小"为"750 像素 ×1000 像素"，如图 5-61 所示。然后点击"确定"按钮。

STEP 04 在"项目"面板中双击素材"视频片段 1"，在源视频监视器中预览素材，标记入点和出点，如图 5-62 所示。拖动"仅拖动视频"按钮■到时间轴面板中的"视频 1"轨道上。

STEP 05 重复上一步，分别拖入视频片段 2 ~ 视频片段 5，如图 5-63 所示。

STEP 06 将背景音乐素材拖至 A1 轨道，并使用剃刀工具◆分割音频，选中后半段删除，如图 5-64 所示。

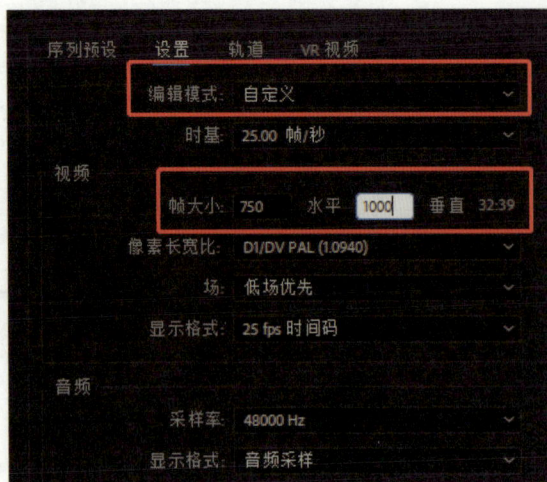

图 5-61

图 5-62

图 5-63

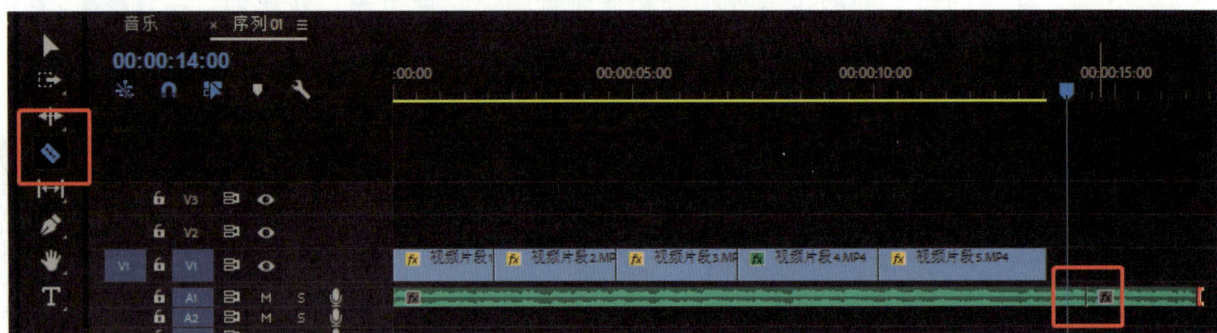

图 5-64

STEP 07 选中视频片段 4，在菜单栏中点击"窗口"|"Lumetri 颜色"面板，调整"曲线"参数，调整画面偏暗情况，如图 5-65 所示。

2. 为视频添加过渡效果

下面为时间线上的视频素材添加过渡效果并进行调整，添加多段视频间过渡的艺术效果，具体操作如下。

STEP 01 在"效果"面板中选择"视频过渡"|"溶解"分类夹中的"交叉溶解"过渡，如图 5-66 所示。

STEP 02 按住鼠标左键将"交叉溶解"过渡效果拖放到视频片段 1 和视频片段 2 两个素材之间。双击可设置过渡持续时间，如图 5-67 所示。在节目监视器中可查看过渡效果，如图 5-68 所示。

STEP 03 参考第 1 步，为后面几段视频添加不同的过渡效果，如图 5-69 所示。

3. 制作主图视频片尾

制作主图视频片尾，即在所有视频剪辑完毕后出现商品 LOGO，具体操作方法如下。

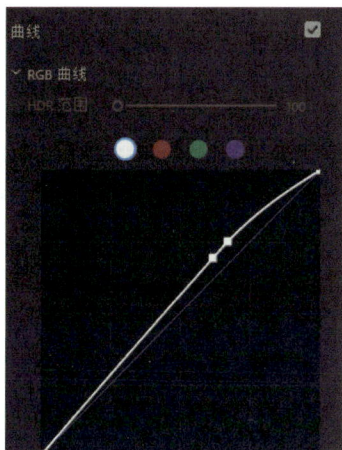

图 5-65

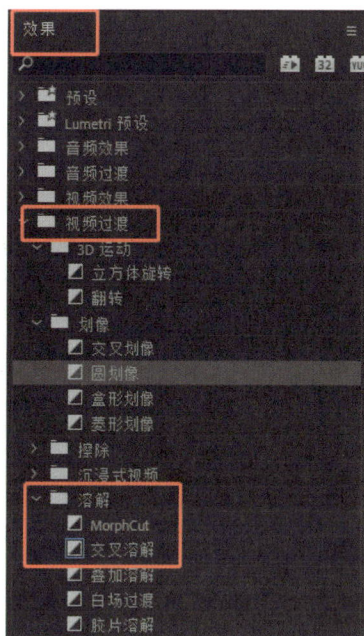

图 5-66

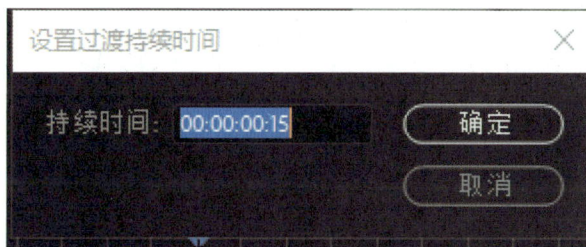

图 5-67

图 5-68

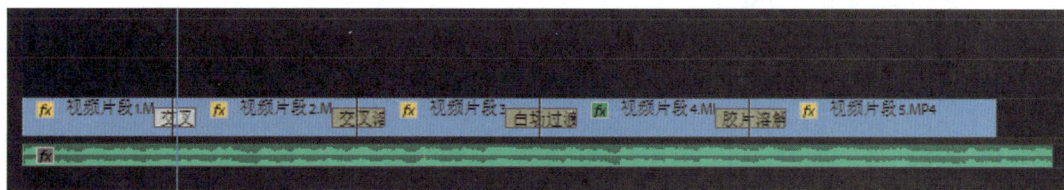

图 5-69

STEP 01 在视频轨末端添加图片素材 logo1.png 并进行修剪，如图 5-70 所示。

STEP 02 在节目监视器中查看图片素材效果，如图 5-71 所示。

图 5-70

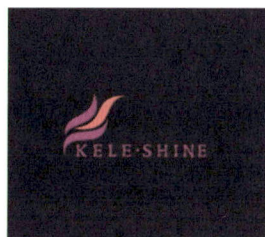

图 5-71

STEP 03 在"效果控件"面板中开启"缩放"关键帧动画，添加关键帧，制作从大到小的缩放动画，如图 5-72 所示。

STEP 04 为图片素材添加"VR 渐变擦除"的视频过渡效果，如图 5-73 所示。

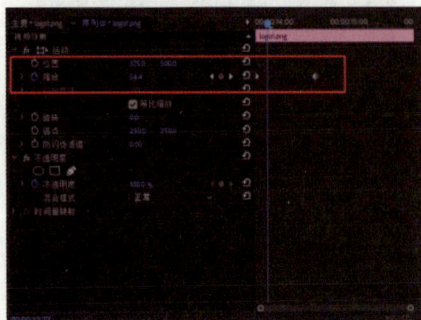

图 5-72

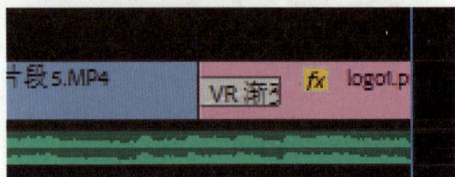

图 5-73

STEP 05 导出视频，选择"文件"|"导出"|"媒体"，弹出对话框，点击"导出"按钮，如图 5-74 所示。

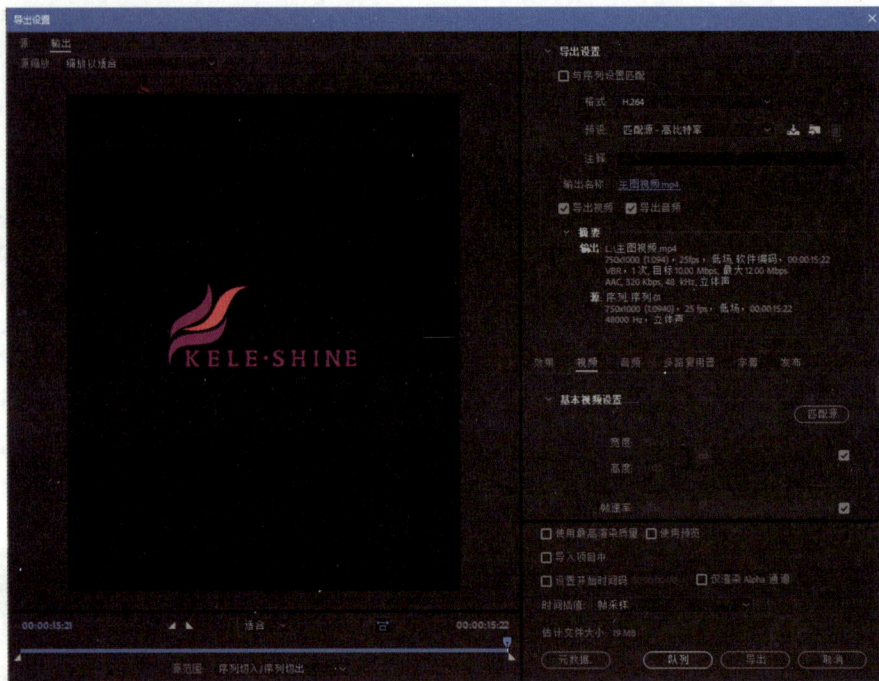

图 5-74

4. 为商品添加主图视频

STEP 01 登录淘宝商家后台，打开"出售中商品"列表，选择需要添加主图视频的商品，如图 5-75 所示。

商品名称	价格 ⬆⬇	库存 ⬆⬇	销量 ⬆⬇	创建时间 ⬆⬇	发布时间 ⬆⬇	操作 ⑦ NEW
sukmoment爪痕抓痕腰间徽章短袖国… ID:628797443961	￥199.00	1	0	2020▓▓ 22:38 出售中	2020▓▓ 18:12	编辑商品 发布相似品 立即下架 复制链接

图 5-75

STEP 02 点击"编辑商品"进入商品发布页面，点击"添加视频"，如图 5-76 所示。

图 5-76

STEP 03 进入"多媒体"对话框，选择上传视频，等待审核，最后确定即可，如图 5-77 所示。

STEP 04 最后，点击"提交宝贝信息"按钮，即可完成商品视频发布，如图 5-78 所示。

图 5-77

图 5-78

🌂 任务评价

　　每名学生对自己在整个学习过程中的表现进行自评，并请学习小组成员和教师对自己在本任务学习中的表现做出评价，从定性和定量两方面填写评价表，如表 5-7 和表 5-8 所示。

表 5-7 "淘宝主图视频制作"学习活动学生表现评价量化表

序号	评价项目	描述性评价		量化评价			
		具体评价内容	填写具体事实	满分	自评	互评	师评
1	提出问题	① 主图视频有何作用 ② 主图视频的使用规则有哪些 ③ 主图视频拍摄的注意要点有哪些 ④ 主图视频制作方法有哪些		20			
2	设计实施方案	能否设计出合理的方案实施步骤		20			
3	实施操作	能否小组分工合作完成，操作步骤是否衔接妥当		20			
4	分析并得出结论	能否根据客户喜欢，设计制作出好的视频，以便为店铺带来流量		20			
5	表达和交流	是否具有与他人合作、表达与交流的能力		10			
6	反思，提出问题	什么样的主图视频能吸引买家		10			
等级			总分	100			
评语（教师填写）							

表 5-8 "淘宝主图视频制作"学习活动学生表现评权重结果

自评（×20%）	小组互评（×50%）	教师评价（×30%）	总评

项目实训

实训 01 请根据小雅网店拍摄的一张模特图片制作主图，并加上 LOGO。

实训 02 请根据小雅网店拍摄的一组模特图片及商品详情页设计的原则，设计出 10 张商品详情页图片并上传，如图 5-79 和图 5-80 所示。

实训 03 使用淘拍模板为小雅店铺一款牛仔短裤拍摄并发布主图视频。

服饰行业提供的三大类模板，支持多款商品剪辑成清单类或前后对比换装类视频。

模板一：四宫格搭配模板

模板二：Cool girl 变装

模板三：场景换装

图 5-79

图 5-80

教学微视频

移动端网店美工

项目背景

　　小雅在大伟的帮助下完成了网店初步装修。在为顾客进行计算机展示如何网上订货和线下送货时，接连两三个顾客都问小雅是否有手机店铺。小雅心想还有手机淘宝店吗？于是找到大伟询问："大伟，淘宝有手机店吗？"

　　大伟："有啊，现在的大数据显示，通过网络购物的顾客有从 PC 端向移动端迁移的趋势。"

　　想到顾客的询问，小雅对大伟的大数据分析深信不疑。可是，如何将手机淘宝店开起来呢？

学习目标

1. 能够发布移动端网店商品，装修移动端网店首页，并能正确应用各个功能模块。
2. 学生参与真实任务的设计，学习从任务分析、设计到最终实现过程中所需要的各种知识和技能，以及综合分析与项目实施能力。

学习任务

任务十七　移动端网店装修
教学微视频

❀ 任务十七｜移动端网店装修

现在移动端淘宝已经离不开人们的生活，淘宝移动端网店无疑为所有淘宝卖家增加了一个营销渠道，最近几年"双11"移动端淘宝流量已经远超 PC 端，说明移动端淘宝将会是淘宝未来的重点培养目标。移动端网店装修带来的视觉吸引力与 PC 端的完全不同。

🎯 任务目标

为小雅装修手机端店铺。

☑ 任务准备

淘宝网店账号一个、智能手机一部，计算机一台。

📑 知识链接

淘宝手机端店铺装修，基础模块分为商品类、图文类、营销互动类和智能类。每个模块重复使用的数量是有限的，具体看左侧模块下边的数字提示。装修的时候只要按住鼠标将左侧的相应模块拖动到右侧手机屏幕界面即可，然后设置右侧参数，加入图片、文字内容、链接等。

一、店招模块

由于手机的屏幕尺寸有限，所以店标应以颜色鲜艳、简明为主，店名不宜过长。如果含有很多热词、关键词，将导致在手机端显示不完全，反而减弱了整个店铺的品牌效应。设置手机端的店标和店名需要在 PC 端"店铺设置"中进行。

二、模块添加

手机端店铺装修店铺中，所有模块的添加都需要用鼠标点击相应模块，然后拖曳到右侧的手机图标中。就像把一个文件放进一个文件夹中一样。

（1）单列商品：每行只显示 1 个商品，此模块能添加 5 个。

（2）双列商品：每行显示 2 个商品，此模块可添加 3 个。

（3）商品排行：显示方式为每排 3 个商品，左侧 1 个大图，右侧 2 个小图。

（4）搭配套餐模块：自动加载展示店铺活动，此模块可添加 1 个。

（5）猜你喜欢：自动显示顾客可能喜欢的商品，此模块可添加 1 个。

（6）编辑中"更多链接"的设置如下。

- 常用链接：可链接店铺首页。
- 商品链接：点击后可选择 1 个商品的链接。
- 商品分类链接：可链接至 1 个分类。

- 页面链接：链接的是最上面"自定义菜单"创建的模块。
- 自定义链接：链接的是上面"无线装修"中的缩减页面。

三、添加图文类模块

- 标题模块：可以插入超链接的文本。
- 文本模块：只能写入文本。
- 单列图：每行只用 1 张图片，建议大小控制在 608 像素 ×336 像素。
- 双列图：每行用 2 张图片，建议大小为 296 像素 ×160 像素。
- 多图：最少 3 张，最多 6 张图片，建议大小为 248 像素 ×146 像素，这个模块最多能建 2 个。
- 辅助线：作用是把上下两个模块美观地分隔开。
- 轮播图模块："图片轮播"，最少 2 张，最多 4 张图片，建议大小为 608 像素 ×304 像素，这个模块最多能添加 2 个。大促应信息清晰可见，爆款商品推荐，促进下单。
- 左文右图：左侧放文字，右侧放图片，建议大小为 608 像素 ×160 像素。集中展示活动商品和大促信息。

图 6-1

- 自定义模块：在可以固定的区域添加图文、商品等自定义编排，模块最多能添加 10 个。

四、添加营销互动类模块

- 优惠券模块：显示店铺优惠券，最少 1 个，最多 6 个，模块只能添加 1 个。可用多图模块，通过左右移动查看更多优惠券，促进客户消费。
- 电话：买家点击后可以直接通过拨打电话号码的方式来联系店家。
- 活动组件：显示店铺活动，模块只能添加 1 个。
- 店铺红包：显示店铺发放红包的活动，模块只能添加 1 个，如图 6-1 和图 6-2 所示。

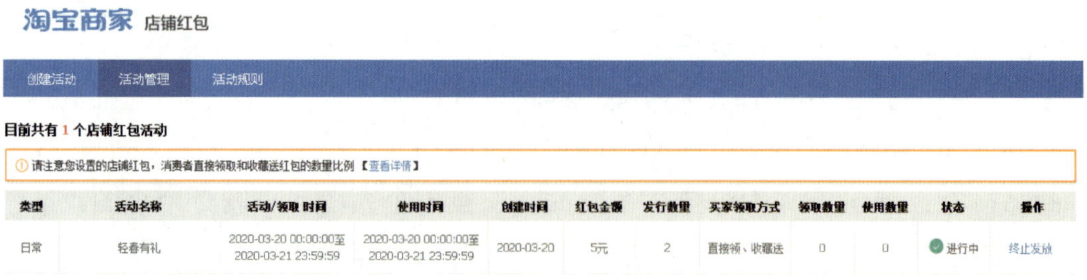

图 6-2

五、手机端店铺首页参考模板

- 店招模块 + 活动信息（系统默认）。
- 商品推荐（双列模块）。

- 主推商品 2 款。
- 分类导航（多图模块）。
- 活动信息（轮播图）。
- 服务信息（文本模块）。

以上 6 个模块是手机端店铺装修的基础要点，提高顾客浏览体验之余，还能让顾客快速找到需要的商品，而且能增加店铺的访问深度，增加每个页面的互链度。

任务实施

一、发布手机端店铺商品

为小雅的淘宝店铺商品"2020 年春夏女装大码新款两件套连衣裙：蝴蝶结雪纺衫＋无袖背心连衣裙"进行发布操作。

STEP 01　选择"宝贝管理"|"商品发布"命令，按商品参数填写好商品信息，如下所述，并上传完成描述图片，如图 6-3 所示。

图 6-3

- 商品标题：2020 年春夏女装大码新款两件套连衣裙：蝴蝶结雪纺衫＋无袖背心连衣裙
  - 价格：356 元
  - 货号：2020002315
  - 风格：甜美
  - 组合形式：两件套
  - 面料：雪纺
  - 裙长：短裙
  - 成分含量：91% ～ 95%
  - 袖长：无袖
  - 适用年龄：25 ～ 29 岁
  - 材质：维纶
  - 年份季节：2020 年春季
  - 颜色分类：图片色
  - 尺码：S\M\L\XL 数量均为 42 件

STEP 02　制作 PC 端描述。

（1）执行"导入电脑端描述"|"确认生成"命令，即可自动将 PC 端描述生成手机端描述，如图 6-4 所示。

（2）选择图片，使用"上移""下移""替换""删除"命令进行编辑，如图 6-5 所示。

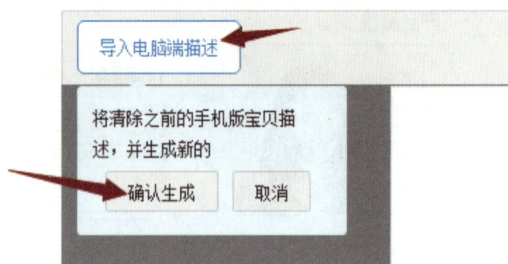

图 6-4

图 6-5

（3）发布完商品即完成手机端的制作，如图 6-6 和图 6-7 所示。

图 6-6

图 6-7

二、装修手机端店铺首页

首页版块如图 6-8 所示。

| 轮播图模块 |
| 最新商品 |
| 优惠券 |
| 猜你喜欢 |
| 商品排行榜 |

图 6-8

STEP 01　执行"店铺管理"|"手机淘宝店铺"|"无线店铺"|"立即装修"命令，进入装修页面，如图 6-9 和图 6-10 所示。

图 6-9

图 6-10

STEP 02　选择"店铺首页"进入装修页面。装修的版本使用"基础版"，如图 6-11 所示。左侧功能菜单如下。

图 6-11

（1）店铺装修：店铺页面功能模块的使用设置。具体使用方法为：功能模块菜单的应用模块，通过鼠标拖曳到装修页面中使用。在应用模块下方显示"0/1"，其中 0 表示未使用该应用模块，1 表示最多能应用本模块 1 个，如图 6-12 所示。

（2）装修模板：放置店铺的模板，默认为 1 套淘宝官方的免费模板，装修时需要注意的是：手机端首页首屏的位置，如图 6-13 所示。

宝贝排行榜
0/1

图 6-12

（3）备份：存放在装修过程中备份保存的装修页面和设计的模块。

STEP 03 在应用模块中选择"图文类"，将"轮播图模块"拖曳进首页面，其中轮播图尺寸为640像素×320像素。

（1）第1张广告图片上传并链接至"促销商品"分类。

（2）第2张广告图片上传并链接至"热卖商品"分类。

（3）点击"确认"按钮完成，效果如图6-14所示。

图 6-13

图 6-14

STEP 04 点击"营销互动类"将"优惠券"拖曳进首页面。

（1）若没有订购"优惠券"服务，请到"服务市场"订购，如图6-15所示。

图 6-15

（2）创建"优惠券"。通过点击"创建更多优惠券"按钮，可以创建更多优惠券，如图6-16所示。

（3）选择"店铺优惠券"，并设置参数，如图6-17所示。然后点击"保存"按钮创建优惠券完成。

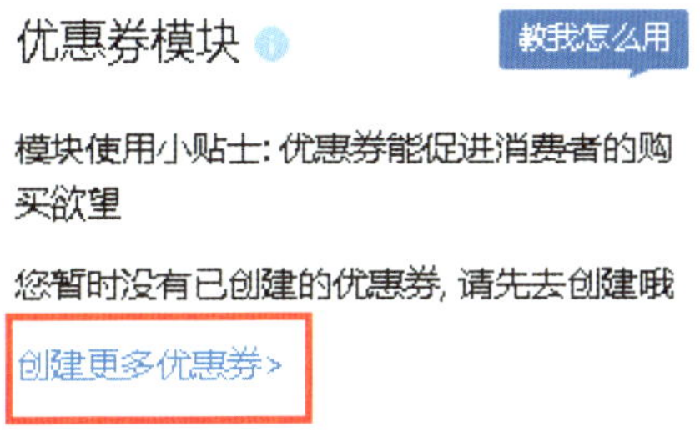

新建 店铺优惠券

基本信息

名称： 全场满99减5元   10个字以内

使用位置： 通用   📱 无线专享

面额： 5 ▼ 元

使用条件： ⦿ 满 100 元使用 ○ 满5.01元使用

有效时间： 2020-3-17 - 2020-3-27   开始前买家可以领取但不能使用

发行量： 500   不超过100000张
        修改发行量时只能增加不能减少，请谨慎设置

每人限领： 2 ▼ 张

推广信息 （保存后不能修改）

推广方式： 买家领取   卖家发放

推广范围： ⦿ 自主推广 ○ 公开推广 ○ 渠道专享 ○ 阿里妈妈推广券

领券链接： ⦿ 固定链接 ○ 一次性链接

⚠ 固定链接可全网传播，请勿用于抽奖、兑换等有门槛的营销活动，并谨慎设

ⓘ 固定链接由淘宝卖家自主投放，官方推广渠道将不会推广您的优惠券。

保存 取消

优惠券模块 ⓘ   教我怎么用

模块使用小贴士: 优惠券能促进消费者的购买欲望

您暂时没有已创建的优惠券，请先去创建哦

创建更多优惠券 >

图 6-16

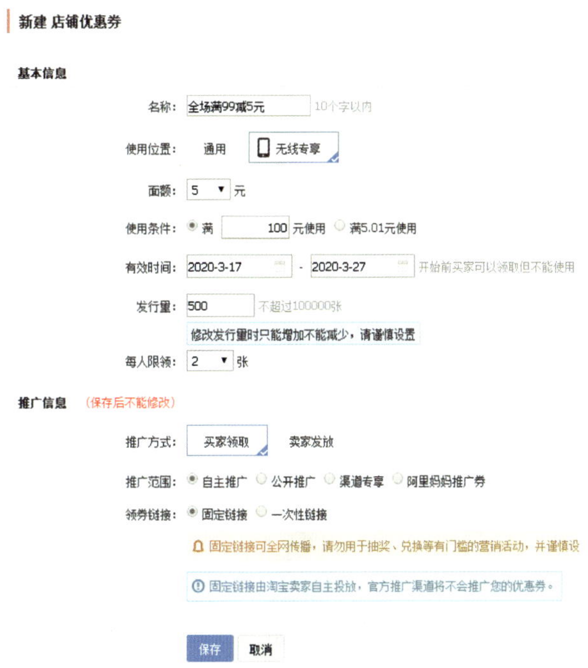

图 6-17

（4）选择"优惠券模块"|"发布优惠券"，如图 6-18 所示。

图 6-18

STEP05   将"智能单列宝贝"功能模块拖曳进首页。在右侧功能设置中选择"基本模式"，如图 6-19 所示。

设置参数如下。

• 标题：最新商品。

• 更多链接：设置链接到"新品发布"分类。

图 6-19

149

- 推荐类型：自动推荐。
- 宝贝个数：5 个
- 不过滤价格、不设置关键字。
- 排序规则：上新。
- 类目：新品发布。

生成的效果图如图 6-20 所示。

STEP 06 将"猜你喜欢"功能模块拖曳进首页，参数默认，效果图如图 6-21 所示。

图 6-20

图 6-21

STEP 07 将"宝贝排行榜"功能模块拖曳进首页。参数设置和发布后效果如图 6-22 所示。

图 6-22

三、店铺分类

STEP01   执行"店铺装修"｜"店铺分类"命令进入装修界面，如图 6-23 所示，类目封面大小为 372 像素 ×102 像素。

图 6-23

STEP02   下载封面模板。点击"下载封面模板"按钮，如图 6-24 所示。

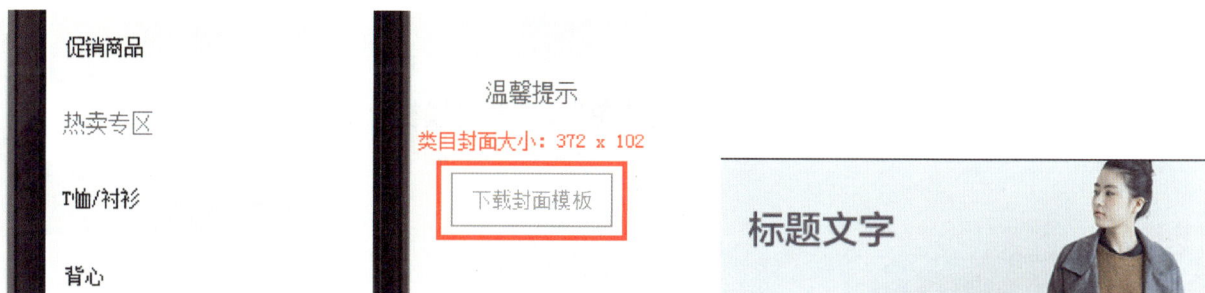

图 6-24

使用 Photoshop 修改"标题文字"为"促销商品"，保存为 jpg 图片，如图 6-25 所示。

STEP03   将鼠标指针放在促销商品分类区点击"添加封面"按钮，将促销商品分类背景图上传应用，如图 6-26 和图 6-27 所示。

促销商品分类背景图.jpg

图 6-25

图 6-26

STEP04   点击"上传"按钮完成操作，如图 6-28 和图 6-29 所示。

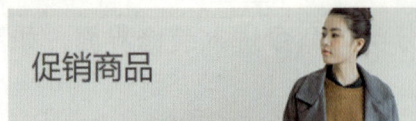

截剪图片

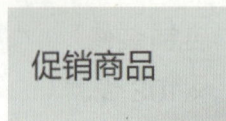

预览图片

* 请上传 372x102 的图片

✔ 上传　　↻ 重新选择

图 6-27

图 6-28

图 6-29

四、自定义菜单

STEP 01　执行"店铺装修"|"自定义菜单"|"创建模板"命令，如图 6-30 所示。

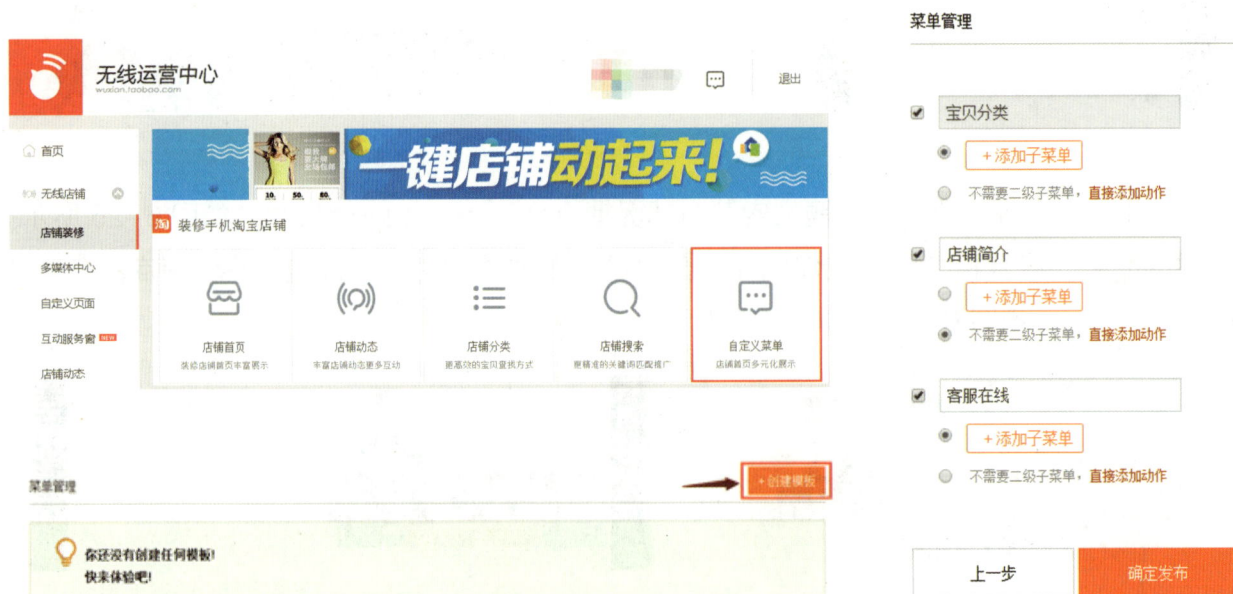

图 6-30

STEP 02 设置模板名称为“促销菜单”，如图 6–31 所示。

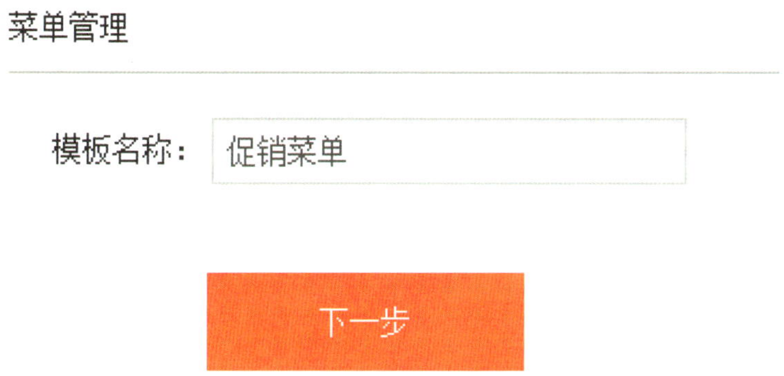
菜单管理
模板名称：
促销菜单
下一步

图 6-31

STEP 03 菜单管理设置，按如图 6–32 所示参数进行设置。

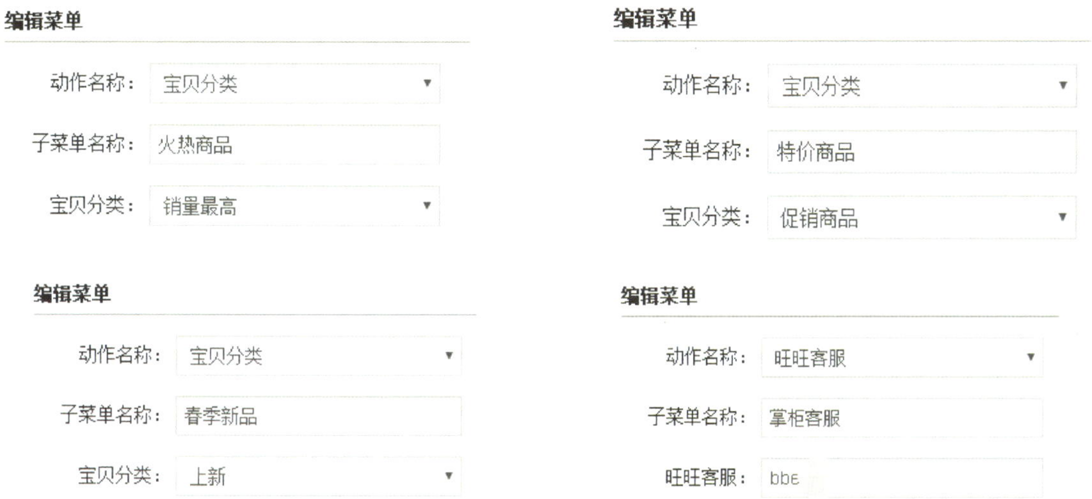
编辑菜单
动作名称：
宝贝分类
子菜单名称：
火热商品
宝贝分类：
销量最高
编辑菜单
动作名称：
宝贝分类
子菜单名称：
特价商品
宝贝分类：
促销商品
编辑菜单
动作名称：
宝贝分类
子菜单名称：
春季新品
宝贝分类：
上新
编辑菜单
动作名称：
旺旺客服
子菜单名称：
掌柜客服
旺旺客服：
bbε

图 6-32

设置完成后点击“确定发布”按钮，如图 6–33 所示。发布后效果如图 6–34 所示。

菜单管理
宝贝分类
火热商品
特价商品
春季新品
+添加子菜单
不需要二级子菜单，直接添加动作
店铺简介
+添加子菜单
不需要二级子菜单，直接添加动作
客服在线
掌柜客服
+添加子菜单
不需要二级子菜单，直接添加动作
上一步
确定发布
保存为草稿

图 6-33

菜单管理
使用中
下线
促销菜单
编辑
删除
火热商品
特价商品
春季新品
掌柜客服
宝贝分类
店铺简介
客服在线
17:46
店铺首页
全部宝贝
新品上架
微淘动态
火热商品
特价商品
春季新品
宝贝分类
店铺简介
客服在线

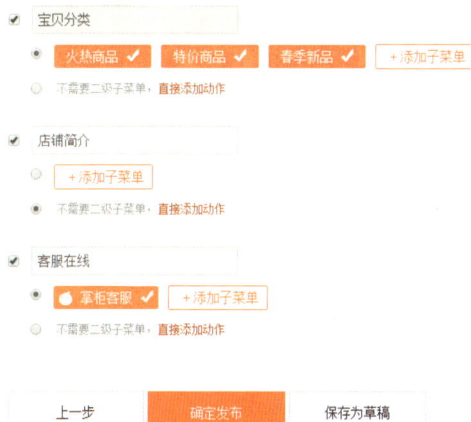

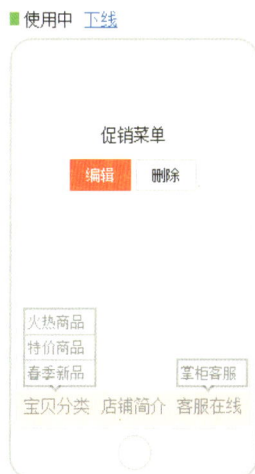

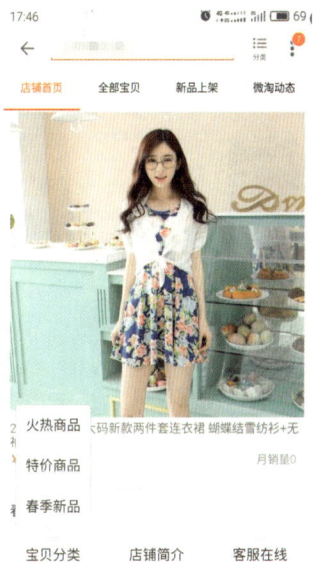

图 6-34

五、活动推广页

STEP01　活动推广页也是手机端店铺中应用非常广泛的。执行"自定义页面"|"新建页面"命令进入制作页面，如图 6-35 所示。

图 6-35

STEP02　制作活动推广页。

（1）页面名称：轻春新品上市。

（2）点击新建好的"轻春新品上市"页面中的"编辑"按钮，如图 6-36 所示。

图 6-36

STEP03　开始编辑页面内容，如图 6-37 所示。

（1）自定义页面活动头图（640 像素 ×304 像素），上传图 6-38 为头图，上传操作如图 6-39 所示。

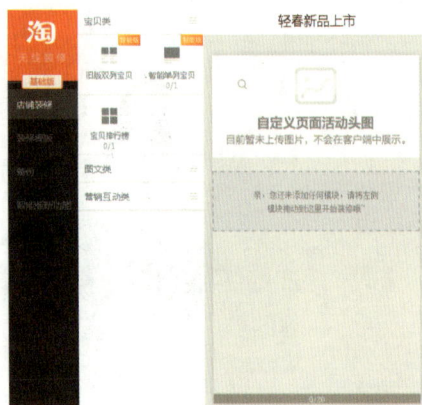

图 6-37

图 6-38

（2）活动头图设置。选择活动头图链接至"新品发布"分类，如图 6-39 所示。活动头图内容为"浪漫春天 五折约惠"，如图 6-40 所示。

图 6-39

图 6-40

（3）将商品类"智能单列宝贝"模块拖曳进页面，并在右侧"基本模式"中设置，具体参数如图 6-41 所示。

图 6-41

（4）点击"保存"｜"发布"｜"立即发布"按钮，发布成功页面，如图6-42所示。

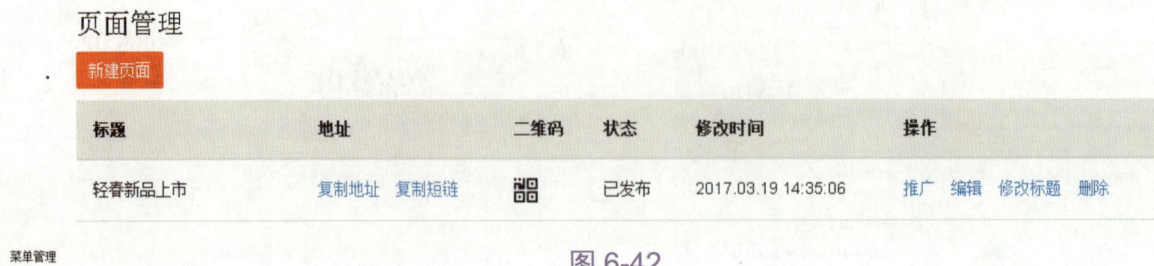

图 6-42

图 6-43

STEP 04 将活动推广页加入菜单链接

（1）点击"店铺装修"｜"自定义"菜单，执行"促销菜单"｜"编辑"命令，如图6-43所示。

（2）将菜单"店铺简介"下属功能项修改为"添加子菜单"，将"店铺简介"修改为"活动促销"；然后点击"添加子菜单"按钮，在"编辑菜单"的"动作名称"项中选择"店铺简介"，"子菜单名称"为"关于我们"；接着添加第二个子菜单，在"编辑菜单"的"动作名称"项中选择"自定义页面"，"子菜单名称"为"轻春约惠"，"自定义页面"中选择"轻春新品上市"，操作如图6-44所示。

图 6-44

（3）确定发布，完成后效果如图6-45所示。

图 6-45

任务评价

每名学生对自己在整个学习过程中的表现进行自评，并请学习小组成员和教师对自己在本任务学习中的表现做出评价，从定性和定量两方面填写评价表，如表 6-1 和表 6-2 所示。

表 6-1　"移动端网店装修"学习活动学生表现评价量化表

班级：　　　　　　　　　　姓名：　　　　　　　　　　学号：

序号	评价项目	描述性评价		量化评价			
		具体评价内容	填写具体事实	满分	自评	互评	师评
1	提出问题	① 店铺首页模块布局是否合理 ② 各版块的设置是否按要求设置 ③ 装修颜色搭配是否美观 ④ 手机端店铺图片大小是否合理		20			
2	活动实施	能否自行合理地实施步骤		20			
3	实施操作	能否小组分工合作完成，操作步骤是否衔接妥当		30			
4	分析并得出结论	是否根据装修要求设置并应用发布在手机端		20			
5	表达和交流	是否具有与他人合作、表达与交流的能力		10			
等级			总分	100			
评语（教师填写）							

表 6-2　"移动端网店装修"学习活动学生表现评价权重结果

班级：　　　　　　　　　　姓名：　　　　　　　　　　学号：

自评（×20%）	小组互评（×50%）	教师评价（×30%）	总评

项目实训

实训　请为小雅的淘宝手机端店铺制作第一个首页模板，制作前备份之前的首页模板。版块布局如图 6-46 所示。

店招	
标题模块	
优惠券模块	
焦点图模块	
MiniBanner模块—店铺子分类	爆款推荐
微淘（手机专享）	商品上市
左图右文	
套餐搭配	
宝贝模块A	宝贝模块B
宝贝模块C	宝贝模块D
底部分类	

图 6-46

教学微视频

淘宝精准引流

项目背景

　　小雅的网店自从尝试了设置促销活动后，店铺的销售业绩有了明显提升，这让小雅顿时对店铺的运营充满了信心。她不禁心想，除了设置促销活动外，是否还有一些其他行之有效的淘宝网店运营方式可以采用呢？这次小雅没等大伟上门，便迫不及待地带上一盒好吃的糕点去请教大伟。大伟一边吃着美味的糕点，一边告诉小雅，其实要想商品有稳定的销量，除了搞促销活动，做淘宝直通车也是很有必要的，它不仅可以为店铺带来不错的流量，还可以为自己的商品增加更多的曝光率……于是，小雅在大伟的指导下，开始了淘宝直通车的操作。

学习目标

1. 掌握淘宝直通车的原理。
2. 能够开通淘宝直通车。
3. 学会创建淘宝直通车的计划。
4. 学生参与真实任务的操作，培养学生的团队协作意识，讲求工作效率，为适应就业后的实际工作打下坚实的基础。

学习任务

任务十八　淘宝直通车精准引流
教学微视频

任务十八 淘宝直通车精准引流

淘宝直通车能增加店铺商品的曝光度，找到精准买家，从而提高店铺销量。因此，如今许多淘宝店主都相继开通了淘宝直通车这个营销工具，虽然它是一个付费工具，但是如果操作得当，效果还是十分明显的。

任务目标

为小雅的 3 款商品创建直通车的推广计划。

任务准备

淘宝网店账号一个、多媒体计算机一台。

知识链接

一、淘宝直通车的含义

淘宝直通车是为淘宝和天猫卖家量身定制的，按点击付费的效果营销工具，是一种在搜索结果页面展现与检索关键词相匹配的商品的推广方式，能实现商品的精准推广。简单来说，淘宝直通车就是淘宝为卖家专门打造的围绕商品关键词开展的需要付费使用的商品推广工具。

二、淘宝直通车的表现形式

淘宝直通车的广告展位分布在淘宝网商品搜索结果页面的特定区域。

1.PC 端的表现形式

在 PC 上打开浏览器进入淘宝网，在淘宝搜索框内输入关键词"女士衬衫"，点击"搜索"按钮，如图 7-1 所示。搜索结果页面中带有"掌柜热卖"或"广告"标识的商品显示位，都为直通车展位。

图 7-1

淘宝直通车展位一般分布在：①搜索结果页面的右侧，排成一列，共 16 个，如图 7-2 所示；②搜索结果页面的底端，排成一行，共 5 个，如图 7-3 所示；③搜索结果页面的"综合"排序下，左侧 1～3 位，如图 7-4 所示。

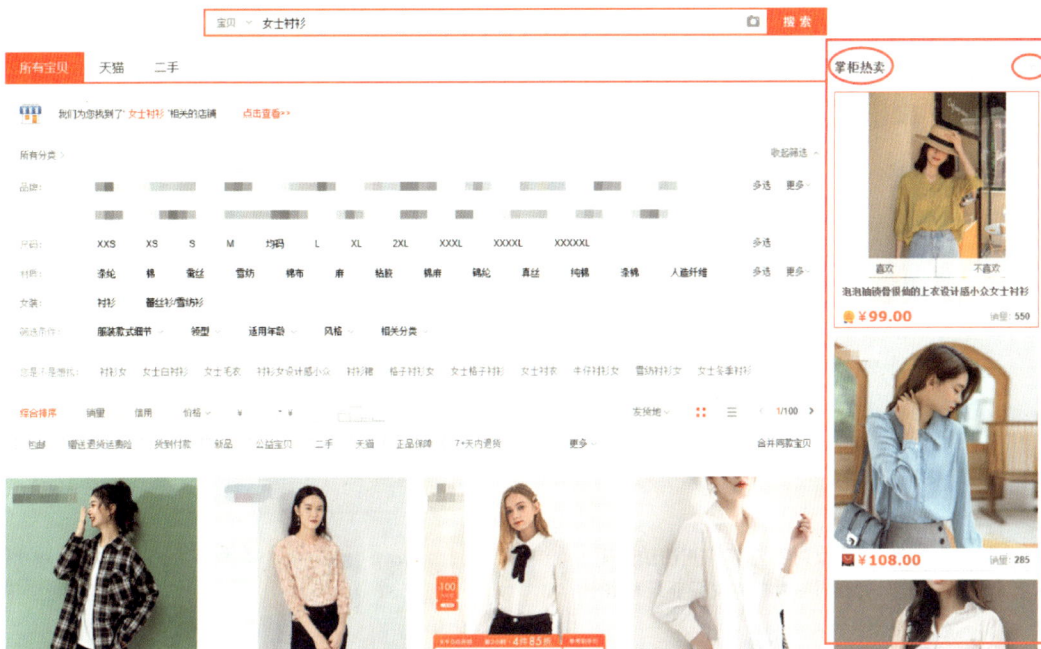

图 7-2

图 7-3

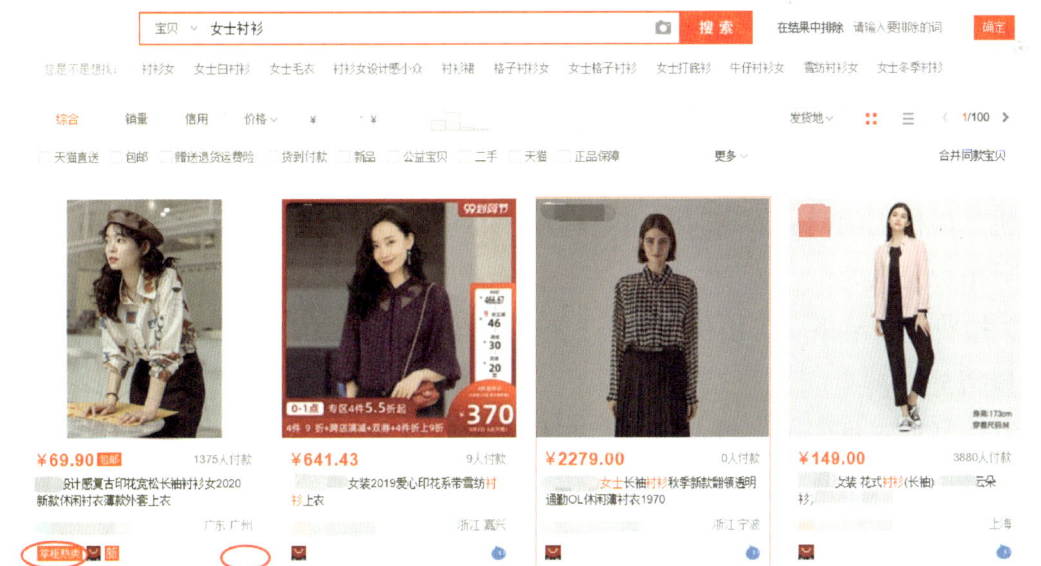

图 7-4

2. 手机端的表现形式

在手机淘宝的搜索结果中，"综合"排序下，淘宝直通车的展位都会带有"HOT"和"广告"的标识，如图7-5所示；而在"销量"排序下，淘宝直通车的展位则会带有"皇冠"图标和"广告"的标识，如图7-6所示。这些淘宝直通车展位一般穿插在搜索结果当中，让人不易察觉它是广告。

图 7-5

图 7-6

三、淘宝直通车的竞价原理

1. 付费方式

卖家第一次进入淘宝直通车后，需要预存至少 200 元，才能使淘宝直通车的设置生效，如图7-7和图7-8所示。

卖家在创建淘宝直通车计划的时候，需要对所选的关键词进行出价，淘宝直通车按点击扣费，不展现不扣费，单次点击扣费金额小于或等于出价。

例如，卖家对"女士衬衫"这个关键词出价为 2 元，当有消费者在淘宝网搜索该关键词时，卖家的商品就有机会出现在淘宝直通车的展位里，这时不需扣费，但若买家点击了卖家在淘宝直通车展位上的商品，这时淘宝直通车平台就会在卖家预存的余额中扣掉最多 2 元的费用。实际扣费公式为：

扣费金额＝下一名出价 × 下一名质量得分 / 卖家的质量得分 + 0.01 元

2. 质量得分

质量得分是搜索推广中衡量关键词与商品推广信息和淘宝网用户搜索意向三者之间相关性的综合性指标。以 10 分制的形式来呈现，分值越高，获得的推广效果越理想。

关键词推广质量得分越高，代表卖家的关键词推广效果越好，就可以用相对较少的推广费用把更优质的商品信息展现在更适当的展示位置上，使买卖双方获得双赢。

图 7-7

图 7-8

3. 影响质量得分的因素

（1）创意效果。

创意效果是指推广创意近期动态反馈，也就是关键词所指商品的推广创意效果，包括推广创意的关键词点击反馈、图片质量等。

（2）相关性。

相关性是指关键词与商品类目、商品属性及商品本身信息（包括商品标题、推广创意标题）的相符程度。

（3）买家体验评分。

买家体验评分是指根据买家在店铺的购买体验和账户近期的关键词推广效果给出的动态得分。买家体验包含直通车转化率、收藏、加入购物车、关联营销、详情页加载速度、好评率、差评率、旺旺反应速度等因素，影响购买体验分值。

4. 直通车排名原理

影响直通车排名的因素主要有两个：一个是关键词出价，另一个是质量得分。排名通过关键词出价和质量得分进行综合排位。通常，在实际操作中，关键词出价越高，排名越高，质量得分越高，所花的费用越少。

四、淘宝直通车的优势

（1）当买家主动搜索时，在最优位置展示商品，能较精准地推荐给每一位潜在买家。

（2）由于是买家点击后才付费，因此即使点击量不高也不亏，相当于在广告位进行免费展示。

（3）能为店铺带来大量流量。

五、淘宝直通车的开通条件

（1）店铺状态正常（店铺可正常访问）。

（2）店铺账户状态正常（店铺账户可正常使用）。

（3）淘宝店铺的开通时间不低于 24 小时。

（4）商品类目在允许推广的范围内。

（5）店铺综合排名符合要求（阿里妈妈通过多个维度对商家进行排名，排名的维度包括但不限于商家的类型、店铺主营类目、店铺服务等级、品质退款率、成交量、店铺的历史违规情况等，以及阿里妈妈认为不适宜加入淘宝直通车的因素。店铺综合排名仅适用于淘宝 /天猫直通车准入，阿里妈妈不对外公示具体的排名结果）。

（6）店铺如因违反《淘宝规则》《天猫规则》《飞猪规则》或《飞猪国际服务条款规则》中相关规定而被处罚扣分的，还需符合如表 7-1 所示的条件。

表 7-1 《淘宝规则》中相关规定

违规类型	当前累计扣分分值	距离最近一次处罚扣分的时间
出售假冒商品	6 分及以上	满 365 天
严重违规行为（出售假冒商品除外）	≥ 6 分，< 12 分	满 30 天
	12 分	满 90 天
	> 12 分，< 48 分	满 365 天
虚假交易（严重违规虚假交易除外）	≥ 48 分	满 365 天

（7）未在使用阿里妈妈或其关联公司其他营销商品（包括但不限于钻石展位、淘宝客、网销宝全网版 /1688 版等）服务时因严重违规被中止或终止服务。

（8）经阿里妈妈排查认定，该账户实际控制的其他阿里平台账户未被阿里平台处以特定严重违规行为处罚或发生过严重危及交易安全的情形，且结合大数据判断该店铺经营情况不易产生风险。

（9）其他更多规范要求，详见淘宝官网：《淘宝 /天猫直通车服务使用规范》。

（10）假如淘宝直通车无法开通，需要根据上述 9 个条件进行原因排查，或者直接咨询淘宝在线人工客服，获取无法开通的具体原因及解决办法。

任务实施

为小雅的 3 款商品创建淘宝直通车"标准推广计划"。

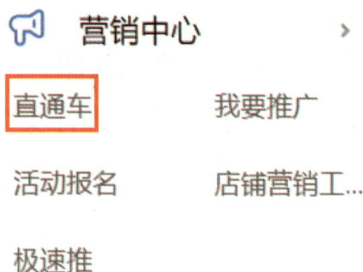

营销中心　　　　　　　　　>

直通车	我要推广
活动报名	店铺营销工…
极速推	

图 7-9

STEP01　在营销中心点击"直通车"，跳转页面后，点击"进入直通车"，如图 7-9 和图 7-10 所示。

STEP02　在打开的页面左下方，点击"+新建推广计划"，如图 7-11 所示。

STEP03　推广方式选择"标准推广"，如图 7-12 所示。智能推广是系统提供的智能托管的功能，只需要进行简单的计划设置，即可开始推广。人工操作的空间不大，相当于系统"自动开车"，而"标准推广"相当于店家"自己开车"，人工操作的空间较大。

图 7-10

标准推广计划　　　智能推广计划

+新建推广计划　　　全部计划列表

图 7-11

推广方式选择

选择推广方式：　　智能推广 [推荐] [NEW]　　　　标准推广
　　　　　　　　　趋势明星，重磅上线，抢占趋势流量　　　借鉴系统方案进行自定义调整

图 7-12

STEP 04　进行"投放设置"。

（1）填写计划名称"女装日常推广计划"，日限额可根据实际情况设定（这里以 200 元为例），投放方式一般选择"智能化均匀投放"（将鼠标移到选项旁边的"问号"处即可查看选项说明），最后点击"设置'投放平台 / 地域 / 时间'"，如图 7-13 所示。

投放设置

计划名称　女装日常推广计划 ⑦

日限额　○ 不限　● 有日限额　200　　　元

投放方式　● 智能化均匀投放 ⑦　○ 标准投放 ⑦

高级设置　设置"投放平台/地域/时间"

图 7-13

（2）投放平台采用默认设置。

（3）点击"投放地域"项，设置淘宝直通车广告的投放区域，这里可以选择非偏远地区的投放，最大化地节省开销，选好后点击"保存设置"按钮，如图7-14和图7-15所示。

投放平台　投放地域　投放时间

图7-14

图 7-15

（4）点击"投放时间"项，设置淘宝直通车广告的投放时间段，这里可以选择系统预设好的"行业模板"方案，也可以选择"自定义模板"，通过拖曳鼠标框选自己想要投放的时间段，最后点击"保存设置"按钮，如图7-16所示。

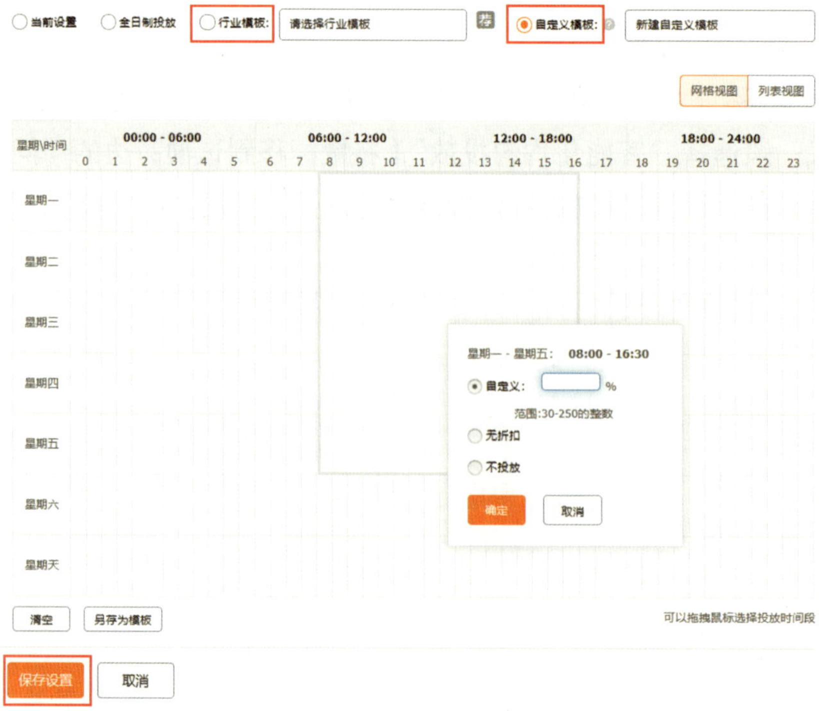

图 7-16

提示：当框选投放时间段后，系统会弹出小窗口，要求设置投放折扣，此处的"折扣"指的是关键词出价的折扣，而不是商品价格的折扣。

STEP 05 点击"添加宝贝"按钮，如图 7-17 所示。再点击"全部"按钮，选择店铺里的 3 款商品作为淘宝直通车推广的商品，然后点击"确定"按钮，如图 7-18 所示。点击"下一步，设置推广方案"按钮，继续进行操作，如图 7-19 所示。

未选择任何宝贝

添加宝贝

图 7-17

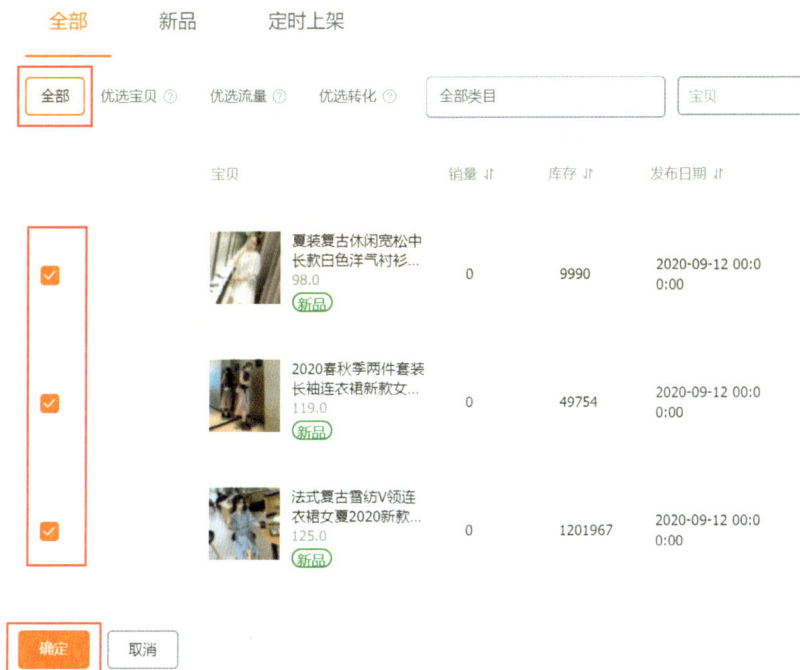

图 7-18

图 7-19

STEP 06 点击"＋更多关键词"按钮，对第一件商品进行关键词的选取及出价，如图 7-20 所示。

图 7-20

提示：系统默认推荐的关键词可以手动增删，也可以修改出价。

STEP 07 在"宝贝推词"页面下，可以选择合适的关键词进行勾选，或手动输入关键词进行添加，还可以选择"搜索关键词"输入关键词进行选词，之后点击"广泛匹配"按钮并设置出价，最后点击"确定"按钮，如图 7-21 和图 7-22 所示。

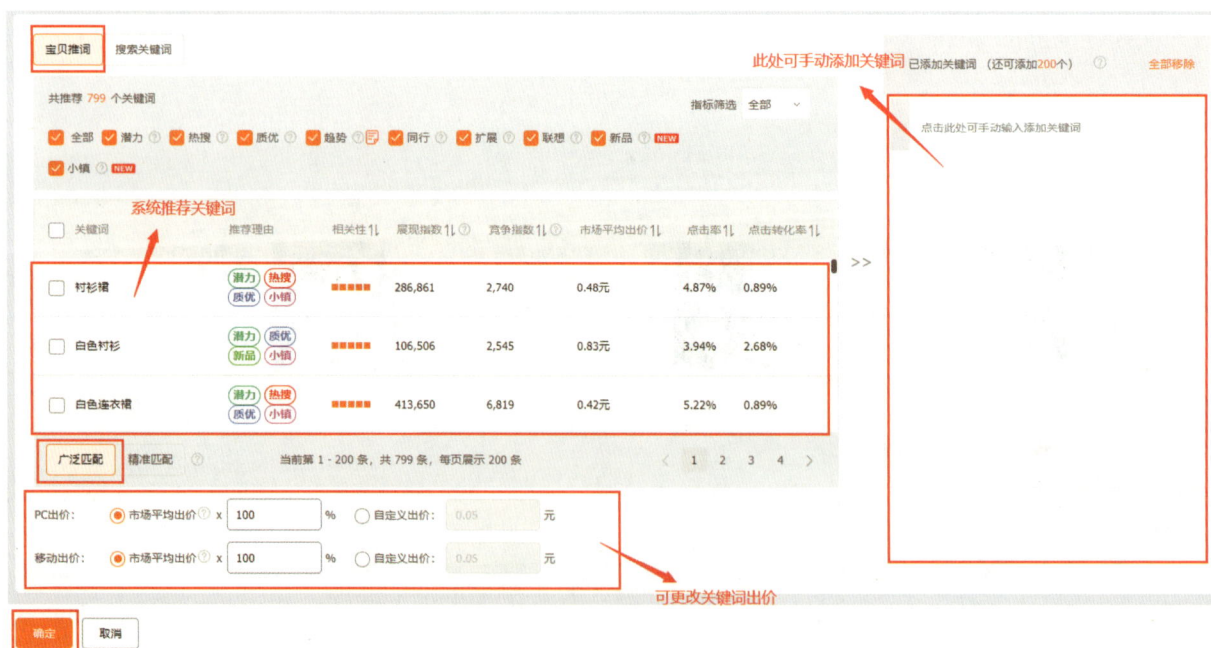

图 7-21

图 7-22

STEP 08 继续点击第二件和第三件商品，对它们进行关键词的选取及出价。

STEP 09 其他内容选择默认设置即可，点击"完成推广"按钮，则完成了淘宝直通车标准推广计划的创建，如图 7-23 和图 7-24 所示。

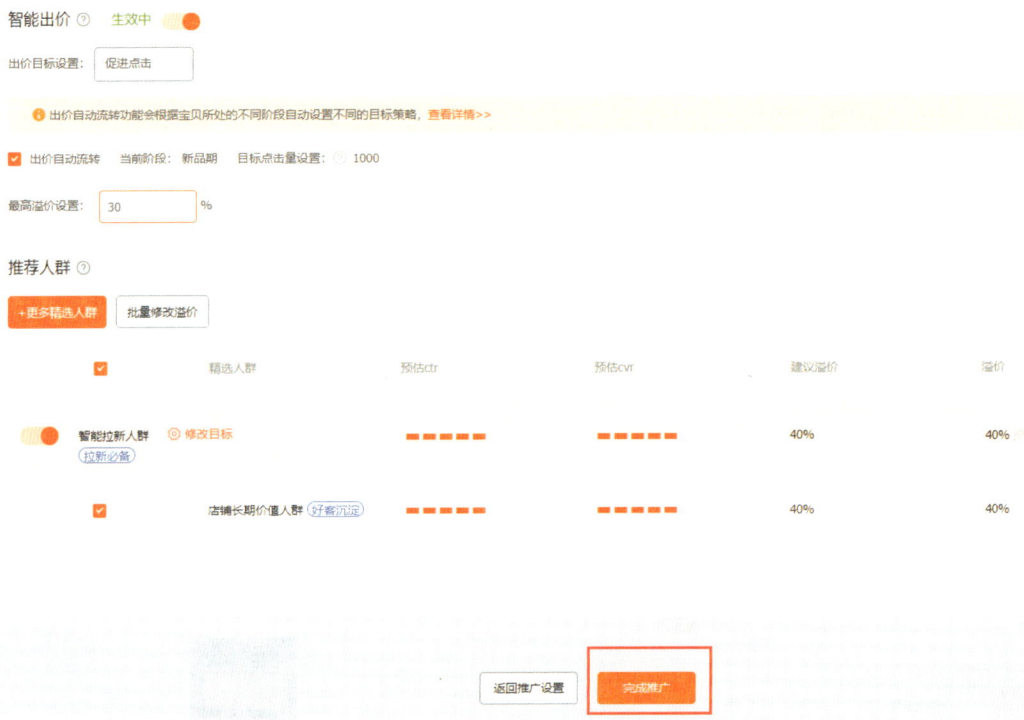

图 7-23

提示："推荐人群"选项非必选项，是系统为卖家的商品量身定制的人群溢价方案，让淘宝直通车展位可以更精准地投放给不同的人群，内容虽然较多但也比较直观。

STEP 10 设置淘宝直通车"创意"。

提示：淘宝直通车展位显示的图片和标题即为"创意"，一个商品最多可做 4 个淘宝直通车创意。系统会根据用户的相关设定，在已设置好的创意当中选择其中一个进行投放，因此不同的人看到该款商品的淘宝直通车展位信息，有可能不同。

（1）回到淘宝直通车主页面，在左下方再次点击刚才已创建好的计划，如图 7-25 所示。

图 7-24

图 7-25

（2）点击第一件商品，接着再点击"创意"按钮，可以看到目前商品只有一个创意，如图 7-26、图 7-27 所示。

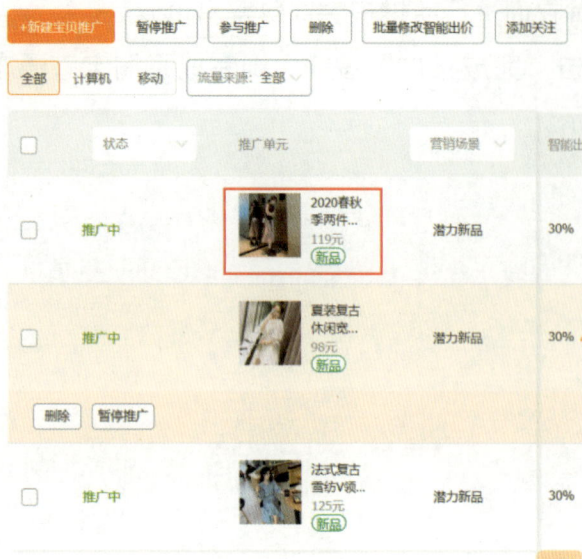

图 7-26

图 7-27

（3）点击"添加创意"按钮，输入创意标题，以及更改创意图片，为商品再添加一个创意，如图 7-28～图 7-30 所示。

图 7-28

图 7-29

图 7-30

（4）以此类推，为剩下的两个商品分别再添加一个创意。

任务评价

每名学生对自己在整个学习过程中的表现进行自评，并请学习小组成员和教师对自己在本任务学习中的表现做出评价，从定性和定量两方面填写评价表，如表 7-2 和表 7-3 所示。

表 7-2　"淘宝精准引流"学习活动学生表现评价量化表

班级：　　　　　　　　　姓名：　　　　　　　　　学号：

序号	项目评价	描述性评价		量化评价			
		具体评价内容	填写具体事实	满分	自评	互评	师评
1	提出问题	① 投放时间及投放地域的操作是否恰当 ② 关键词选取及出价是否合理 ③ 创意设置是否吸引人		20			
2	设计实施方案	能否自行合理地实施步骤		20			
3	实操操作	能否小组分工合作完成，操作步骤是否衔接妥当		20			
4	分析得出结论	能否根据实际，创建出符合自己店铺情况的淘宝直通车推广计划		20			
5	表达和交流	是否具有与他人合作、表达与交流的能力		10			
6	反思，提出新问题	什么样的商品适合做淘宝直通车		10			
等级				总分	100		
评语（教师填写）							

表 7-3　"淘宝精准引流"学习活动学生表现评价权重结果

班级：　　　　　　　　　姓名：　　　　　　　　　学号：

自评（×20%）	小组互评（×50%）	教师评价（×30%）	总评

项目实训

实训 01　请为小雅的店铺创建淘宝直通车的"智能推广"计划，并对比一下它和"标准推广"有什么不同之处？

实训 02　为小雅的 3 款直通车商品，分别创建"精选人群"参数，并说明设置依据是什么？

教学微视频